幼儿园游戏指导丛书

你会和孩子聊天吗？
——儿童游戏中的倾听和回应

主　编　邱学青　俞　洋

副主编　李宗玉　周　洁　王　进　丁　琪　周　丹

案例作者（以姓名笔画为序）

马卓乐　马俊萍　王可力　王　丽　王　彤　王寒露
申冰倩　江　倩　许　玮　孙婷婷　吴卫杰　汪诗瑶
张　青　胡琬悦　段青青　秦　琳　夏　婷　董静玮
鲁小玉　童玉娟　樊媛媛　颜瑞新

江苏凤凰教育出版社
Phoenix Education Publishing, Ltd

图书在版编目（CIP）数据

你会和孩子聊天吗？：儿童游戏中的倾听和回应 / 邱学青等编. -- 南京：江苏凤凰教育出版社, 2024.9. （2025.5重印）--（幼儿园游戏指导丛书 / 邱学青, 俞洋主编）. ISBN 978-7-5743-1260-9

Ⅰ. G78

中国国家版本馆CIP数据核字第2024SD6014号

丛 书 名	幼儿园游戏指导丛书	
书 　 名	你会和孩子聊天吗？——儿童游戏中的倾听和回应	
主　 编	邱学青　俞洋	
副 主 编	李宗玉　周洁　王进　丁琪　周丹	
策　 划	全人教育	
出版统筹	吴卫杰　陈芳　汤玮玮	
责任编辑	严小英	
装帧设计	潘颖	
出版发行	江苏凤凰教育出版社（南京市湖南路1号A楼　邮编210009）	
印　 刷	南京新世纪联盟印务有限公司	
厂　 址	南京市江宁区诚信大道88号华瑞工业园7幢（邮编210017）	
开　 本	787毫米×1092毫米　1/16	
印　 张	9.75	
版　 次	2024年9月第1版	
印　 次	2025年5月第2次印刷	
书　 号	ISBN 978-7-5743-1260-9	
定　 价	58.00元	
传　 真	025-86551305	
客服电话	025-58351159	
盗版举报	025-58351159　025-83658579	

苏教版图书若有印装错误可向出版社调换

引 言

《幼儿园教师专业标准（试行）》要求教师具备"师德为先、幼儿为本、能力为重、终身学习"的基本理念，"掌握观察、谈话、记录等了解幼儿的基本方法"（六·30），"支持、引发和促进幼儿的游戏"（十·45），"引导幼儿在游戏活动中获得身体、认知、语言和社会性等多方面的发展"（十·47）。

在对幼儿游戏的观察中，我们发现，教师对观察、记录这两种了解幼儿的基本方法尤为重视，而对游戏中的谈话比较忽视。即使教师通过观察发现了很多问题，产生了诸多困惑，多数情况下也依然没有相应的回应，没有与幼儿进行谈话。其实，教师只默默地观察，并不能有效了解游戏中真实地发生了什么。教师往往善于在集体和日常等活动中与幼儿进行个别或集体的谈话，唯独在幼儿游戏中难以和幼儿进行有效的沟通和交流。很多时候教师不知道该说什么、该如何说，说多了，怕干扰幼儿的游戏；不说，又担心指导不到位……因此，在幼儿游戏中常常出现教师与幼儿"尬聊"、把话"聊死了"等状况。

此类现象引起了我们的关注和思考：游戏中的谈话应该具备什么性质？怎样的谈话才能有效促进幼儿在自由度较大的游戏活动中获得发展？通过实践，我们发现，富有共情、形式轻松、话题自由、结构松散的谈话——聊天——是幼儿游戏中较为理想的与幼儿谈话、交流的方式。

目 录

第一章 聊天的含义及其基本特性 … 1
　一、聊天：漫无边际的闲谈 … 1
　二、游戏中的聊天：轻松无压力的互动 … 2

第二章 聊天在儿童游戏中的价值 … 5
　一、聊天是洞悉儿童真实想法的试金石 … 5
　二、聊天是激活儿童经验的催化剂 … 7
　三、聊天是"鹰架"儿童学习的助推器 … 8

第三章 游戏中聊天的基本样态 … 11
　一、聊天的基本要求 … 11
　二、聊天的情境与侧重点 … 17
　三、聊天的话题从哪里来 … 20
　四、聊天中常见的问题及注意事项 … 23
　五、聊天的策略 … 29

第四章 游戏中的聊天案例 … 45
　娃娃家的灶台（小班　角色区） … 45
　给宝宝过生日（小班　角色区） … 48
　标志的更新（小班　建构区） … 51

取药（中班　角色区）	55
超市购物（中班　角色区）	58
买花啦（中班　角色区）	61
康乃馨花篮（中班　角色区）	66
外卖订单的变化（中班　角色区）	70
怎么让头发卷起来（中班　角色区）	74
"古风"照片（中班　角色区）	77
拖鞋换扇子（中班　角色区）	81
百变吸管（中班　建构区）	83
动物学校（中班　建构区）	86
皮影戏影院（中班　表演区）	90
小猫钓鱼（中班　表演区）	94
订制三叶草发夹（中班　美工区）	98
摆贝壳（中班　户外游戏）	102
我的家里多了一个爸爸（大班　角色区）	107
咳嗽怎么办（大班　角色区）	110
用的药和吃的药（大班　角色区）	113
检查视力（大班　角色区）	115
飞机能不能开到小吃店（大班　角色区）	118
烧烤架的那些事儿（大班　角色区）	121
奶茶店的小烦恼（大班　角色区）	127
扫码买花（大班　角色区）	131
拍2吋照（大班　角色区）	134
饰品店（大班　角色区）	137
穿不过去的电线（大班　建构区）	140
嫦娥奔月（大班　表演区）	142
订制手机套（大班　美工区）	147

第一章

聊天的含义及其基本特性

聊天，在我们生活中司空见惯，最常见的微信聊天是通过手机软件进行的，大家聊生活、聊见闻、聊工作……聊一切可以聊的事情，可以随时开启，也可以随性结束。聊天也发生在人们见面打招呼时、偶尔的寒暄时、茶余饭后的"八卦"时，等等。那么，聊天到底是什么呢？

一、聊天：漫无边际的闲谈

（一）聊天的要素

在《辞海》中，"聊"即闲谈；"天"可以代表万事万物，比如天气、季节、时间等，是个空间范围极广的概念。"聊天"即闲谈，谈论话题涉及的范围广大，漫无边际，世间万物皆可作为聊天的内容。简而言之，聊天的要素有：

第一，对象。聊天是两个人或多个人沟通互动的社交形式。

第二，形式——无目的的闲谈。聊天对象之间，可通过语言、文字、图像等方式，轻松随便、不受拘束地自由表达各自的想法和感受。

第三，内容——海阔天空、不涉及严肃或正式的话题。

（二）聊天的特点

1. 主体平等共情

聊天双方是平等独立的主体，这种平等体现在两个方面：**一是地位平等**。聊天双方都可以自由发起话题，双方都可以自由地表达和倾听，没有特定的社交角色。聊天强调情感的交流和共享，追求同喜同悲的体验，侧重于享受彼此闲谈的过程而非内容，不强求聊天双方的观点一致，也不试图说服对方以达成一致的目的。**二是经验对等**。聊天双方，不以地位、年龄等强势一方的经验替代另一方的经验。如果地位不平等、经验不对等，双方可能分别处于提问与回答的状态，提问方试图通过交流实现某个特定的目标或灌输某种观点，这就削弱了情感共享的需要，可能导致交流感的减弱。

2. 形式轻松愉悦

聊天不是严肃的对话，它需要宽松、愉悦、自由的氛围。相较于出现在更正式的场合（如文学作品或商业交流中）、带有技巧性和目的性的交流，聊天更多关联日常生活中的非正式交流，强调轻松和社交性。聊天是一种以轻松、随便的方式进行的非正式的谈话，它可以是即兴的，不拘泥于礼仪和形式，也可以天马行空、毫无目的，还可以发生在任何时刻。

3. 话题自由随意

日常聊天通常没有明确的目的，更多的是为了表达个人的感受和想法，不涉及严肃或正式的话题，聊天对象之间更注重即时的表达和反馈。同时，聊天的话题不固定，聊天对象之间漫无边际地畅聊想聊的、感兴趣的话题，内容可能随时变化，甚至会非常琐碎和多样。

二、游戏中的聊天：轻松无压力的互动

游戏中的聊天随着游戏情节的发展而产生，是游戏的天然成分之一。游戏是幼儿的需要，幼儿在游戏中探索感兴趣的事物，模仿和再现周围环境中感兴趣的人、事、物，也在游戏中与人进行社会交往。游戏中的聊天正好符

合了游戏快乐、自由、轻松等特点，成为游戏中不可或缺的沉浸式互动方式。幼儿在游戏中，通过与成人、同伴的聊天，有趣而自然地改变着自己的身份、变换着物体的性质、替代着角色的动作、描述着游戏的情景。通过聊天，幼儿获取各种信息，发展理解他人和判断交往情境的能力、人际交往能力、组织自己思维的能力。聊天使幼儿的学习不断超越个体的直接感知，使幼儿各领域综合能力不断发展。幼儿在游戏中的聊天是其经验自然整合与发展的过程。

口语的发展为幼儿搭建了聊天的桥梁。幼儿期是口语发展的重要时期，伴随年龄的增长，幼儿也从愿意表达自己的需要和想法逐渐发展为喜欢与他人谈论感兴趣的话题，能有序、连贯、清楚地讲述自己的所见所闻和经历的事情。而且布鲁纳经研究发现，幼儿最复杂的语法和言语符号最先在游戏情境中被使用，语言在游戏中被最快掌握。教育者以聊天为媒介，能达成了解、判断、助推幼儿发展的目的，因为聊天顺应了幼儿生理发展的特点，满足了幼儿"想说、敢说、喜欢说"的需要。

作为游戏中师幼互动的一种方式，教师和幼儿展开聊天，可以使双方产生共鸣、形成呼应。教师和幼儿都可以基于游戏的情况，比如游戏中的新情节、幼儿间的冲突、幼儿的无所事事或游戏情节长时间的简单重复等，发起聊天。无论是开启话题，还是回应幼儿的话题，教师应始终秉持基于幼儿的兴趣、能力、经验的原则与幼儿展开聊天，在话题开启的最初悬置自己的观察目的或自己对幼儿的游戏情况的想法，先了解、观察、判断幼儿真实的想法、兴趣，弄清楚幼儿的经验在哪里，然后慢慢挖掘、串联幼儿更多的零散经验，渗透教育的目的、意图，助推幼儿经验的提升。游戏中的聊天始于松散自由，终于有目的的渗透，贯穿相互尊重、地位平等、经验对等的原则，教师以一种"无知"的状态，与幼儿的经验同频，在此基础上辅助幼儿连接经验，获得成长。

教师可以针对自己作为旁观者、观察者发现的问题或产生的疑惑直接开启聊天；可以扮演角色，运用角色性的语言与幼儿沟通、交流；也可以以教师的身份与幼儿直接交流游戏的情况，比如，当幼儿碰到困难主动向教师求助时，教师就顺应幼儿的需求，与幼儿聊一聊。总之，聊天话题的开启方式是多种多样的，必须遵守的是要以了解幼儿真实的游戏想法、兴趣和经验为出发点。基于这个出发点，聊天过程中的话题可能会随着幼儿的想法、兴趣、经验随时切换。

第二章
聊天在儿童游戏中的价值

教师为儿童精心创造学习体验的支持系统，吸引儿童主动参与，促使儿童超越现有的技能水平，这是儿童最大的学习机会。研究发现，与他人进行聊天可以激发大脑的认知区域，增强聊天者的注意力和思维的灵活性。聊天需要聊天双方不断地思考、组织和表达自己的想法，思维交流和信息交换可以刺激大脑的神经网络，从而促进思维的发展和学习能力的提高。

一、聊天是洞悉儿童真实想法的试金石

儿童对待游戏是严肃认真、专注投入的，他们自由、愉快地享受着游戏过程，不愿意和教师谈论与游戏无关的事情，也不喜欢外加的任务。因此，教师只有顺应幼儿的游戏进程，追随幼儿的兴趣，才能融进他们的游戏。**成人能够对儿童游戏所做的最有价值的贡献是他们自己的参与。**

有教师认为，既然游戏是儿童自由自主的活动，那么就让儿童独自玩，直到他们需要帮助。而事实上，多数儿童是不会主动过来告诉你他们什么时候需要帮助的，因此，教师必须抓住时机倾听儿童的想法。教师通过加入游戏与儿童近距离地聊天，了解儿童的想法，捕捉单纯依靠旁观难以发现的瞬间，了解儿童在游戏中的真实水平，避免因观察不全而造成的误读，真正了解儿童游戏的真实状况。

教师指导游戏时未必始终都能达到有的放矢的效果，很多时候需要运用多种方式试探性地了解儿童游戏的发展状况。比如：当教师观察到娃娃家的"爸爸"反反复复在那里做"面条"，并持续了十几分钟时，教师以邻居阿姨的角色敲门，试探性地和幼儿聊天。

阿姨："你好！能借把剪刀吗？"

爸爸："可以，在桌子上，你自己拿吧。"

阿姨："你在忙什么呀？"

爸爸："在做面条。"

阿姨："你是怎么做的？教教我好吗？"

爸爸："行。（边说边做）面条很好做，把这个（方纸）撕成这样（纸条），把它们抖一抖，放在锅里，加点水，煮一煮。"

阿姨："哇，我学会了。谢谢你！这个（指旁边筐子里的细毛线）是做什么的呢？"

爸爸："这个呀？（歪头想一想，拿过老师手里的剪刀）把这个（细毛线）剪成这么长，就是圆面条。"

阿姨："爸爸好棒！会做方的面条，也会做圆的面条。你为什么要做面条呢？"

爸爸想了一会儿，说："给小宝吃。"

阿姨："哦，小宝喜欢吃面条。"

爸爸又想了一会儿，摇摇头，并说："是过生日吃的面，小宝今天过生日。"

爸爸对妈妈说："给小宝过生日吧。"

……

案例中，刚开始，教师感觉"爸爸"一直在做重复动作，游戏情节停滞不前，通过聊天才发现该幼儿经验很丰富，能运用多种材料开展游戏，生成了丰富的游戏情节，于是教师很快退出该游戏。

有的时候，教师用一句话就可以试探出幼儿是否愿意成人介入游戏或是否需要帮助。下面这个案例，教师在户外游戏中看见一个幼儿在装满泥水的大锅里不断搅拌，于是开启了和幼儿的聊天。

老师："这是什么味道的汤呀？"

幼儿："你自己尝。"

其实，这位教师并没有关注幼儿的真实需求——或许幼儿正在烧一锅你不知道的什么东西，而这却是幼儿的兴趣所在——聪敏的幼儿感觉到教师的不尊重，并不希望教师加入游戏，用一句话"怼"回了教师的无效提问。教师瞬间无语，聊天戛然而止。

通过上述一正一反两个案例，我们能够总结：教师通过聊天可以倾听幼儿的想法，走进幼儿的内心世界，了解幼儿的兴趣、爱好和需求，并判断幼儿的经验在哪里。教师可以追随幼儿的兴趣，了解幼儿的经验水平；可以基于幼儿的经验和真实需要，试探幼儿可能的发展方向；还可以在幼儿能力的基础上，选择幼儿感兴趣的事物和问题，找寻贴近幼儿生活经验的聊天话题和聊天方式。

二、聊天是激活儿童经验的催化剂

聊天质量的高低对教育教学有着重要的影响，高质量的聊天是帮助幼儿获取知识经验的方法。想要实现高质量的聊天，就要教师判断幼儿的经验在哪里，把幼儿当下的经验作为其新经验的生长点，激发幼儿主动构建新的知识经验，以扩展当前的经验、能力和兴趣，从而促进幼儿的学习。

在儿童游戏中，并不是所有的聊天都能促进幼儿的发展。当儿童在游戏时，他们在"假装"的状态下工作——在活动的范围内"假装"是真的，这种状态使儿童成为活动和情境的主人。教师如果花一些时间去观察和倾听儿童在游戏中的聊天，加入一些支持性的语言，幼儿会更愿意接受教师的提问、鼓励和帮助，愿意尝试新的经验、新的思维方式，从而使这个游戏活动得到改善和扩展。在下面这个"飞机场"案例中，教师虽然识别出了幼儿经验上的"漏洞"，但没有倾听幼儿的想法，而是强行嵌入自己的经验，所以引起了幼儿的排斥。

老师："你们搭的是什么地方？"
幼儿："飞机场。"
老师："飞机场怎么会停了这么多车呀？"
幼儿："我和妈妈（到飞机场）接爸爸的时候，就看到了好多汽车。"
老师："老师告诉你们，那是停车场，不是飞机场。"
幼儿："我们这边搭了塔台、跑道，那里是接人停车的停车场。"
老师自感没趣……

在观察和倾听幼儿的基础上，教师可以通过多种策略支持幼儿经验的发展，比如，**巧问问题**。教师通过"告诉我，你在做什么？""为什么要这样？""如果要……应该怎么办？"等问题，把幼儿正在做的事情反馈给幼儿，向幼儿提出对他们的经验和能力而言具有一定挑战性的问题，促使幼儿思考自己正在做的事情，充分意识到自己的内心想法，逐渐理清并意识到头脑的思维过程。又比如，**巧设冲突的情节**。聊天的目的是构建一种关系，使幼儿的游戏过程有意义，避免因游戏"自由"这个特征所带来的不确定性因素导致幼儿在游戏中出现无所事事、重复简单操作等游戏行为，从而避免降低游戏作为幼儿园基本活动的地位。教师可以通过聊天注入情节、认知等冲突并通过评价冲突把儿童拉回到游戏中，让幼儿产生新的动力和目标。在第四章的案例"订制手机套"中，两名幼儿分别用尺子测量同一部手机的尺寸，一名幼儿将手机的一端对准尺子上"0"的位置，另一名幼儿没有对准，因而两人得到了不同的结果。教师通过"你们俩量出来的尺寸怎么不一样啊？"这个问题挑明幼儿间的认知冲突，从而引出了"确定尺子的正确用法"和"复测手机尺寸"等游戏内容。

三、聊天是"鹰架"儿童学习的助推器

与大脑发育相关的科学研究表明，多元化的复杂而具体的经验对有意义的学习和教学而言是非常重要的。人的每一次经历都触发大脑突触产生联结，

经验质量的高低直接决定了大脑突触联结的多少，大脑突触联结的数量和复杂性塑造了大脑。每一个复杂的事件都会将信息"镶嵌"在大脑里，并把这些信息与学习者其他的当前经验、过去知识和将来的行为联系起来。

游戏能帮助幼儿积累知识经验、提升能力，帮助幼儿将游戏情境与日常概念、学习内容联系起来，从而引导幼儿在认知、社会性和情感方面获得进一步的发展。有质量的聊天能丰富游戏的情节，幼儿参与高水平的游戏时，其大脑会受到刺激，幼儿也会以更为健康的方式成长和发展。通过聊天，教师可以引导幼儿关注周围的事物，激发他们的好奇心和探索欲。同时，聊天也是幼儿学习语言、发展思维的重要途径。在下面这个中班游戏中，教师观察到小医院的"医生"总是往娃娃家跑，基于此，教师借助聊天了解并拓展了幼儿经验。

老师："今天医生去娃娃家干什么呀？" 了解幼儿的游戏内容。

幼儿："他们家的宝宝生病了。"

老师："宝宝生病都是去医院的，为什么你要去娃娃家呢？" 指出游戏内容与生活经验的冲突，深入了解幼儿的游戏内容和想法。

幼儿："因为他们家宝宝得了红眼病。"

老师："为什么宝宝得了红眼病，医生要去他们家呢？" 了解幼儿对"红眼病"的经验。

幼儿："因为红眼病会传染。"

老师："那什么叫'传染'？"

幼儿："传染就是他玩过的玩具，别的人又去玩，（去玩的人）就会得红眼病。"

老师："那得了红眼病怎么办呢？" 连接健康领域学习经验，鼓励幼儿深入思考。

幼儿："看病，隔离。"

老师："什么是'隔离'呀？"

幼儿："把他和别的人分开，让他一个人在一间屋子里玩。"

老师："没有得病的该怎么办呢？"

幼儿："要预防。"

老师："怎么预防？"

幼儿："洗手、消毒……"

老师："怎么洗手能预防红眼病呢？"

聊天中，教师有效捕捉到幼儿的游戏行为，追随幼儿的步伐，让幼儿以自己的节奏、理解将自己的经验表现出来。教师帮助幼儿梳理了"红眼病"及其治疗、预防方法等健康领域的知识，把教育意图渗透进游戏经验中，在游戏情境中，将幼儿的游戏行为与需要达到的健康领域的发展目标联系起来，拓展了幼儿的相关经验。

第三章
游戏中聊天的基本样态

游戏中,教师不告知、不教授幼儿任何现成的知识和经验,而是保证幼儿的思维始终处于积极活跃的状态。根据幼儿的经验,教师通过持续发问给幼儿带来认知冲突,刺激、诱导幼儿思考,使幼儿根据教师的问题反复尝试解决办法,从而促使幼儿凭借已有经验形成新旧经验之间的联结,体验自己发现问题与解决问题的过程。

一、聊天的基本要求

与幼儿在游戏中进行聊天,需要教师全身心投入,做到"心到""眼到""口到""情到",让幼儿感受到教师的真诚和尊重,这样才能使幼儿愿意开口,才能慢慢引出幼儿散落在脑海里的经验,从而达到助推幼儿经验生长的目的。

(一)心到:亲临现场

亲临现场不是指站在幼儿的游戏区域,也不是指四处巡游,而是指教师把整个身心代入游戏的现场,内心也融入游戏情境中。

- 使用自然、温和、友善、平静的语气,与幼儿保持积极的联系。
- 以包容平和的态度靠近幼儿,让幼儿感觉到安全感和信任感。

- 对幼儿正在做的事情感兴趣。
- 专心倾听幼儿，认可并接受幼儿的情绪。
- 尊重幼儿的游戏，让幼儿从中感到自信。
- 管理自己的身体语言、声调和面部表情，让幼儿感觉到安全。
- 说话算数，比如，答应幼儿参加游戏就一定过来，答应幼儿一会儿来看他的作品也一定会来，这样即使是陌生人，幼儿也愿意和你聊天。

幼儿在游戏过程中会表现得很忙碌，有时会比较喧闹。为了应对游戏中的各种突发情况，教师或许会快速地在这个区域看看，到那个区域问问，无法静下心来思考怎样和幼儿聊天、聊什么是有效的等问题。对于游戏中教师如蜻蜓点水般的关照状态，幼儿或许已经习以为常了，他们拥有能"读"懂生活中重要的成人的神奇力量，能"读"懂教师的表情、动作、声音等，因而他们知道教师这个时候的提问是否需要回答，教师是否真的在关注他们的游戏。因此，如果希望进行有效的游戏指导，教师要快速让内心宁静，观察、了解幼儿的游戏情况，思考是否需要介入，思考介入的方式、方法，而不是简单随意地提出问题、做出反应，表现出心不在焉、随心所欲的状态。例如：

老师走到小班娃娃家，问："谁是娃娃家的妈妈呀？"

扮演妈妈的幼儿回答道："我。他是爸爸。"

老师说："哦！知道了。"

老师随即离开娃娃家。

因此，聊天时**放低姿态**是师幼彼此身体靠近、心灵碰撞的重要基础。当师幼聊天时，教师首先要主动蹲下身，以"身体的倾斜"或"身体的靠近"拉近与幼儿之间的距离，营造一种轻松的氛围，让幼儿愿意或敢于表达自己的想法。我们认为，"放低姿态"不仅仅意味着身体的靠近，还意味着心灵的靠近。重点应做到：

第一，**兴趣**。教师要表现出积极的聊天兴趣，尽可能显示出对幼儿或其表达的内容的兴趣。这样教师不自觉地就会被吸引，身体自然靠近幼儿，让幼儿感受到教师的认可、接纳、鼓励。

第二，**放松**。教师放下身段，树立"儿童主体在前"的意识；放松心态，和颜悦色，营造师幼可亲可近的氛围，让幼儿自然、放松地叙述和表达。

第三，**入戏**。教师需要进入聊天状态，"入"聊天的"戏"，自然地与幼儿眼神交流，语气平和。只要教师"入戏"，一切就会自然发生，教师不需要太刻意，更不是被动的记录者。

（二）眼到：持续观察

观察并不是随意对幼儿的游戏进行简单的文字记录，散点状地这里看看那里瞧瞧，那样的观察最多只能了解游戏的"皮毛"。教师要追随幼儿的兴趣和需要，观察幼儿在游戏中的言行，看他做了什么、说了什么，从而调整自己的步伐和介入游戏的方法。

- 以鼓励的眼神和温柔的表情表现出对幼儿所做事情的兴趣，让幼儿感受到你是在观察他，并想参与他的游戏。
- 思考有趣的、有意义的问题，思考如何引起幼儿的回应。

教师必须让幼儿感受到自己对他的尊重、对游戏的认真关注和重视，才能与幼儿友好、自然地相处，否则往往会以自己的经验判断幼儿的游戏行为，从而出现教师判断与幼儿经验南辕北辙的现象。例如，在表演区，教师看见演奏人员抱着琵琶静静地坐在舞台上，观众都在小吃店买"甜品"，于是和他们聊开了。

老师："你们今天最高兴的事情是什么？"

幼儿："吃爆米花。"

幼儿："喝果汁。"

老师："看看你们挂的牌子，你们应该在哪里玩呀？"

幼儿："（我们是）观众。"

老师："观众应该在哪里呀？"

幼儿："看表演。"

老师："对！观众要看表演。"

幼儿："看表演可以吃爆米花的。"

老师突然不知道该说什么……

在上述聊天中，教师和幼儿聊"游戏中最高兴的事情"，幼儿说出了自己的真实想法，但教师却忽略了幼儿的经验，缺乏对幼儿的观察，单纯从自己对幼儿游戏行为的理解来强调"看表演的规则"，因此，与幼儿"话不投机"。

（三）口到：助推拓展

在观察和了解幼儿的游戏想法、兴趣、经验的基础上，巧问问题，用问题开启与幼儿的互动。即完全关注当下，全身心和幼儿聊天，有目的地选择说什么、做什么，以拓展幼儿的学习。

- 反馈幼儿正在做的事情，用一些开放性的问题来拓展幼儿的游戏情节，比如："我看见你……""我发现……""你正在做……""接下来会……"。
- 不直接回答幼儿的问题，让幼儿按照自己的方式学习并尝试解决问题，比如"我也不知道，你可以试试看"。
- 认可、表扬，以积极的反馈来拓展幼儿的思维和学习。

本书第四章呈现了大量在幼儿游戏中师幼开展聊天的案例，且对教师借助问题助推幼儿拓展经验的方式方法做了重点标注，期望读者能从中收获一二。

（四）情到：情绪呼应

幼儿在成长过程中需要别人（成人或同伴）的认同、肯定、鼓励和接纳。师幼间的情绪呼应是最直接、感性的认同与理解方式。接纳和共情是情绪呼应的关键。

第一，**接纳**。就是要承认幼儿的情绪，并指导他们管理自己的情绪。当幼儿在游戏过程中因玩具冲突、交往冲突、遇到困难等产生畏惧、生气、伤心等情绪反应时，教师要允许幼儿有表达、发泄情绪的机会。比如可以说"你先安静地等一会儿""你可以先哭一会儿""老师摸一摸，抱一抱"。当幼儿对自己的探究、交往、体验活动感到满意，获得惊喜感、幸福感时，教师同样要以积极饱满的状态呼应幼儿，表示认同、肯定和欣赏。比如可以说"我也很高兴""我一直在看你(们)做这个,你(们)真能干""你刚才说的这个方法让我感到惊讶,我都没想到"。还有,幼儿有时不会将自己游戏时的想法或者行为背后的原因说出来,教师要以幼儿的视角去解读他们的游戏行为,这是一件专业、复杂的事情,需要教师自身具有高度的同理心,并以开放的态度接纳幼儿的情绪和经验。

第二,**共情**。就是要能设身处地地对幼儿的情绪、情感进行认同与理解,主要体现在换位思考、倾听以及表达尊重等方面。教师对幼儿的共情能力、幼儿对同伴的共情能力都可以在游戏活动中潜移默化地得到培养。比如可以说"这事儿换做是你,你会怎么想?""如果别人用××(某种东西)碰到你了,你会觉得怎么样?"下面的案例很好地诠释了"共情"。在这个案例中,几个男孩发现户外树林里和山坡上有一些又短又细的树枝,他们对这些小树枝很感兴趣,有的想把小树枝扔进坡下的池塘里。毛毛扔小树枝时碰到了豆豆的脸和洋洋的头,他们产生了争执。于是教师把孩子们聚集在一起,讨论由玩小树枝而引起的一些问题,并拓展小树枝的玩法。

老师:"我看到你们很喜欢玩这些小树枝。我也知道扔这些小树枝的时候可能会碰到别人。"

豆豆:"是的,一个小树枝就碰到了我,很疼的。"

毛毛:"我把小树枝扔得低一点,就不会碰到别人。"

豆豆:"你的确碰到我了,你没有扔得很低。"

毛毛:"我确实扔得很低,我并不是有意要碰到你的。"

洋洋:"我也被碰到了。我不喜欢这样。"

毛毛:"我是无意中碰到你的。"

洋洋:"还是很疼的,你以后不要再这样做了。"

毛毛:"好的。"

老师:"毛毛,如果小树枝碰到了你,你会觉得怎么样?"

毛毛:"可能会疼的。"

小米:"我喜欢小树枝,但不喜欢被碰到。"

> 认可幼儿的游戏行为,同时关注、接纳豆豆和洋洋的情绪,并给毛毛提供倾听同伴观点、检验自己行为并为之负责的机会。

> 帮助毛毛学会换位思考、尊重别人。

西西："你用小树枝碰到别人的时候,他们很生气。被碰到会很疼,他们不喜欢。我喜欢用小树枝做东西。"

老师："我看见西西在用小树枝拼搭。"

豆豆："我喜欢用小树枝来做一些东西,强强和小米用它搭了个架子。"

强强："我和小米要搭一个烧烤架子,还没搭好呢。"

老师："你们很多人都喜欢玩小树枝,用它们制作一些东西。但我们玩小树枝的时候要注意什么呢?" ▸ 进一步引导幼儿管理自己的行为和情绪。

毛毛："不要碰到别人。"

……

老师："如果我们有很多小树枝,可以怎么玩呢?" ▸ 推动幼儿深度思考他们的想法、情感以及与别人的互动。同时帮助毛毛、豆豆和洋洋转移兴趣、扩展经验。

幼儿："穿树叶做烧烤,搭个树枝塔,用小树枝拼房子。"

老师："你们想了好多玩法,可以都试一试。"

上述案例中,教师发现了毛毛、豆豆和洋洋3名幼儿的情绪冲突,教师呼应幼儿的情绪,组织幼儿聊一聊这件事情,帮助幼儿建立相互尊重的关系。通过聊天,豆豆和洋洋获得了表达观点和情绪的机会,毛毛则逐步学会接受别人的情绪并尝试换位思考,理解别人的情绪。教师在集体中发起此次聊天,邀请更多的幼儿参与,既提高了幼儿表达、辩论的能力,也引导班级幼儿共享了已有的经验,挖掘使用树枝材料的新方法、新经验,从而转移幼儿的注意力,拓展幼儿用树枝进行游戏的方法。

> **一个优秀的陪伴者是这样的:**
> - 安静等待。
> - 适当的眼神交流。
> - 有耐心,不打断幼儿。
> - 鼓励幼儿描述,重复或概括他们的想法。
> - 提问的时候语气平和。
> - 运用语言和非语言的形式做出回应。
> - 注意力集中在幼儿身上。

二、聊天的情境与侧重点

聊天是教师与个别幼儿、小组幼儿、全班幼儿进行互动交流的重要形式。教师日常与幼儿开展聊天有多种情境,比如游戏活动前的讨论、游戏活动中介入、游戏活动后的分享等。情境不同,聊天所侧重的内容不同。

(一)游戏活动前的聊天

这个情境中,氛围轻松,教师可以依据之前观察到的素材和捕捉到的信息,以小组或集体的形式,主动提出话题,与孩子们聊一聊。一般可借助图片、视频或幼儿的作品帮助幼儿回顾经验,引发幼儿聊天的兴趣。

比如,当教师发现个别幼儿用新的玩法来操作材料时,可以这样问问他:"这是谁(和谁)在玩游戏?"幼儿回应后,教师接着问:"你(们)是怎样玩的?"幼儿表述后,教师看情况追问:"大家觉得他们的玩法怎么样?你们也愿意这样试试吗?或许你们在今天的游戏中还会有更好的方法。"教师借此机会扩展其他幼儿的经验。

比如,当发现某个游戏情节长时间重复、没有进展时,教师可以主动把问题抛给大家:"是什么原因让你们不喜欢玩××游戏了?"幼儿可能回应:不知道怎么玩(经验不足)、不喜欢×××材料(材料没有挑战性)、客人来了没有×××(材料不足)、带宝宝出去玩没有×××(材料不足)……教师听到这样的回答,可看情况追问:"大家有什么好办法?一起帮忙出出主意。"借此机会与幼儿聊一聊,激发大家主动思考,调动集体的经验,以解决问题。

> **小妙招**
> - 不要带着明确的目的开启聊天,而要"随遇而安"。
> - 试探性地了解幼儿的经验在哪里。
> - 基于幼儿游戏的内容开启聊天。
> - 不以自己的理解"带节奏"。

（二）游戏活动中的聊天

此处重点谈一下游戏活动中的聊天时机。游戏活动中的聊天时机有多种，并且具有不确定性，需要教师学会观察和判断。一般常见的时机有：

- 当幼儿对所玩的游戏没有兴趣，出现无所事事、游离、捣乱等行为时。
- 当游戏情节长时间简单重复，幼儿出现反复操作、摆弄游戏材料等行为时。
- 当幼儿遇到困难或与同伴发生冲突，主动发出询问、请求时。
- 当幼儿主动邀请教师参与他（们）的游戏时。
- 当教师被幼儿的游戏行为吸引时。

……

> **小妙招**
>
> 第一步，关注幼儿在活动中的表现和反应。
> 第二步，敏锐地察觉幼儿行为的意义，并快速判断其中蕴含的促进幼儿学习与发展的可能性。
> 第三步，善于抓住活动中幼儿感兴趣或有意义的问题和情境。
> 第四步，选择适宜的话语切入，展开聊天，引导幼儿以新的方式主动活动。

这些时机都是师幼展开聊天的适宜机会，有时可能由幼儿主动发起，有时可能由教师主动发起。不管由谁发起，关键是教师要能抓住时机，帮助双方进入聊天的状态，进而促进双方同生共长。

（三）游戏活动后的聊天

这个情境中的聊天，特点很明显：一是话题多，二是内容散，三是每个幼儿的游戏经历和兴趣点不同，四是分享时间有限且幼儿精力、注意力的持续时间也有限。教师要在这样的氛围中组织聊天活动，让幼儿分享在游戏过程中获得的经验、讨论游戏中产生的矛盾和存在的其他问题，难度和挑战较大。所以，在游戏活动后的师幼聊天中，教师要学会取舍，聚焦问题，以小见大，各个击破。

下面的案例是某次游戏中,教师关注并察觉到娃娃家中的"爸爸""妈妈"对"宝宝"不太关注,各忙各的。医院中"医生"和"病人"交流时很随意,很少使用角色性语言。基于这个现象,教师在游戏活动后围绕"怎么照顾宝宝"这个问题连续追问,主动发起和全体幼儿的聊天。

小妙招

- 选择和聚焦1-2个游戏主题作为话题,展开聊天。
- 一次解决一个问题,围绕一个问题深聊。
- 以幼儿感兴趣的话题吸引更多幼儿参与。
- 尽可能给更多幼儿展示想法的机会。

老师:"娃娃家的爸爸妈妈是怎样照顾宝宝的?"

点点:"宝宝感冒,带宝宝看病。"

安然:"给宝宝打针。"

> 放弃"今天在娃娃家玩了什么?"这类宽泛的问题,直接抛出方向性问题,鼓励幼儿聚焦"照顾宝宝"这个方向思考、表述。

老师:"感冒后应该怎么办?"

幼儿:"去医院,吃药,多喝水,多休息,吃有营养的食物……"

> 抓住幼儿感兴趣的或有意义的问题及情境继续追问。

老师:"怎么样让宝宝不生病呢?"

幼儿:"多喝水,勤洗手,多运动,不去人多的地方,多晒太阳,吃大蒜头……"

> 基于幼儿的经验,判断其中可能蕴含的促进幼儿学习与发展的机会,进一步追问。

上述案例中,在积极的师幼互动过程中,教师围绕一个问题连续追问,帮助幼儿梳理日常生活中的零散经验,进一步巩固经验、提升经验。之后,教师还将幼儿讨论的内容转化为直观形象的图画呈现在区域环境中,便于幼儿在日常生活和游戏中有意或无意地观察、交流、理解。

在这个案例中,教师经历了关注—察觉—识别—聊天—梳理幼儿经验这样的过程,充分体现了《幼儿园教育指导纲要(试行)》中提出的"关注幼儿在活动中的表现和反应,敏感地察觉他们的需要,及时以适当的方式应答,形成合作探究式的师生互动"的精神。

三、聊天的话题从哪里来

游戏中的聊天围绕游戏者熟悉的生活经验和游戏场景展开，话题涉及幼儿的认知、情感、社会性等方方面面。教师可以基于幼儿的兴趣了解游戏中幼儿的想法，筛选聊天的内容、话题；基于幼儿的经验延展、理清幼儿的思路；基于幼儿的能力提出具有挑战性的任务。

（一）聊想聊的：基于幼儿兴趣的聊天

幼儿自主选择喜欢玩的游戏，模仿、扮演他们熟悉的角色，体验同伴交往的乐趣，并通过聊天满足游戏的需要。下面是中班幼儿"开公共汽车"的一个游戏案例，当教师扮演乘客提着纸盒上车后，扮演司机的幼儿立刻转动"方向盘"，师幼开始了游戏中的聊天。

司机："你要到哪里？"

乘客："我去医院看病。"

司机："嘀嘀，医院到了。"幼儿转了一会儿"方向盘"后，打开车门。

乘客："谢谢！"随即"乘客"提着纸盒准备下车。

司机："你去医院不哭啊！勇敢一点。就把东西放在车上，（一会儿）我送你回家。"

乘客："好啊！谢谢你！万一我出来你的车开走了怎么办？"

司机："不会的。我就在这里等你，你一出来我就看见你了。"

从这段聊天中不难看出，这个"司机"为了满足自己继续"开车"的兴趣和需要，用自己的方法挽留着"乘客"，并不关注公交车的运行规则，以及司机与乘客之间的现实关系。通过聊天，教师能看到幼儿兴趣点所在，能理解游戏情节是幼儿对现实生活的加工与重组，而非完全的模仿、照搬。可见，聊天也是游戏的有机组成部分。

（二）聊能聊的：基于幼儿经验的聊天

教师扮演病人来到医院，一群小班（秋季学期期末）"医生"带着各自的器械给"病人"看病,"病人"被围在中间,"医生"纷纷与"病人"互动、聊天……

医生1:"发烧了,109度。"

病人:"怎么办啊?"

医生2:"马上给你打一针就好了。"说完,他就用锤子在"病人"身上敲打。

病人:"为什么要敲啊?"

医生2:"看看有没有病。"

医生3用探视镜对着"病人"的眼睛,并说道:"眼睛没有发烧。"

医生4从口袋里掏出体温计并说道:"107度,发烧了。"

病人:"烧得高不高呀?"

医生5:"不高,吃点药就好了。"

……

小班幼儿喜欢角色游戏,尤其喜欢扮演在现实生活中令他们恐惧的医生角色。幼儿通过扮演医生,一方面将内心的恐惧和焦虑转嫁给"病人",另一方面体验着自己作为"医生"主宰游戏的成功感、胜任感。他们在"诊断"过程中愿意和"病人"聊关于看病的情节,反映出他们各自对医生职业的认识,也让作为"病人"的教师了解到他们的游戏经验。

(三)聊该聊的:基于幼儿能力的聊天

大班幼儿第一次在幼儿园宽敞的多功能室用积木搭大桥。游戏开始时,琪琪搬了许多圆柱积木、长条积木和大面积方块积木,搭建了一座2米多长的桥。见幼儿完成了搭建,教师鼓励幼儿记录自己搭建的作品,由此开启了与幼儿的聊天,并在聊天过程中基于幼儿的能力推动其经验的发展。

图1 琪琪用积木搭大桥

老师:"你能把桥画下来吗?"

琪琪拿了一张 A4 纸,按照 1∶1 的比例开始画,发现根本没办法把桥画下来。

琪琪:"老师,我的纸不够画了,我还想要纸。"

教师又给了琪琪两张 A4 纸。琪琪把纸连在一起,放在桥边上继续画,发现还是画不下这么长的桥。

琪琪大声喊:"老师,桥太长了,还是画不下!"

老师从手机相册里翻出一张照片给琪琪看,并说:"这张小小的照片里,有高铁站、体育馆、幼儿园、超市、马路……还有我们的幼儿园。你的纸比手机屏幕大,为什么画不下你搭的桥呢?"

琪琪想了一会儿,说:"哦,我知道了,把桥变小就好了。"

于是他重新拿了一张纸,将"桥"画在了一张纸上。

图 2　幼儿园周边课程资源图

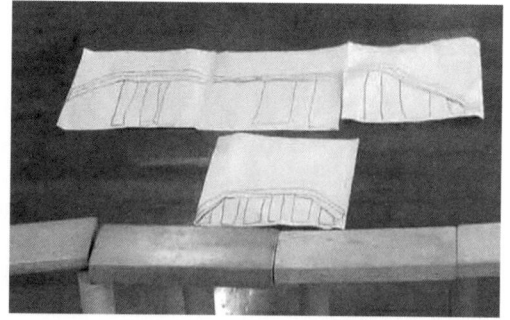

图 3　琪琪分别用三张纸和一张纸画出的"大桥"

上述案例中,教师基于幼儿需要很多纸来画桥的行为表现,想给予幼儿帮助,于是,教师跟随幼儿的经验,先满足幼儿的需求,随后提供有效信息,慢慢启发、引导幼儿认识到绘图时的比例问题,从而助推幼儿新经验的生长。《3—6 岁儿童学习与发展指南》指出,以大班幼儿的能力,他们可以将三维立体图形转化为二维平面图形。该案例中,教师和幼儿聊天,充分调动幼儿对几何形状、空间方位等多种元素的分析与比较经验,鼓励幼儿用图画等符号记录、描述物体的特征,让记录变得有意义,同时也让幼儿体验到自主发现的乐趣。

可见，聊天在幼儿游戏活动中有着不可替代的作用，不仅能促进幼儿社交能力的发展，还深刻影响着他们的认知、情感以及语言能力的提升。在游戏中得到表扬、认可的儿童，他们的内心是平静的，能将节奏放慢，长时间地沉浸在游戏过程中，使所做的事情更有意义。

四、聊天中常见的问题及注意事项

（一）聊天中常见的问题

在幼儿园游戏中，教师和幼儿聊天的内容很广，时间也不少，但存在一种常见的现象：教师自认为发现了某些问题，并试图通过与幼儿交流实现某个特定的目标或观点的表达，这样反而削弱了师幼间的情感共享，导致交流效果减弱，教师没有与幼儿形成积极的、深度的双向互动。这是一种成人视角下的聊天，反映出教师没有真正关注幼儿的游戏体验，缺乏提问技巧，为了一个话题、为了教授知识点而聊，且急于告知幼儿答案，或表现为教师"自说自话"，或表现为教师和幼儿"各说各话"。比如，当发现幼儿在游戏中出现违反规则、环境整理不好或其他各种问题时，教师缺乏对幼儿兴趣、需要和能力的尊重与信任，以说教的方式发起提问，要求幼儿记住某种规则，无视幼儿的感受和体验，无视幼儿身心发展的特点，无视游戏情境，也不会调动幼儿的情绪，而是以自己的经验和视角来理解或解读幼儿的游戏行为，沉迷于自己的体验与想法，把游戏看作是教师主导的活动。

还有一种常见的现象：教师虽然了解了幼儿的兴趣点和需要，但是不能有效提取并基于这些兴趣点和需要调动、唤醒幼儿的经验，也不能助推幼儿经验的发展。教师一般是想到哪儿说到哪儿，师幼之间的问与答没有聚焦话题，教师对幼儿的聊天内容中所蕴含的教育价值与意义不敏感，把握不了教育契机；教师对聊天内容缺乏思考，不会发起聊天，既没有关注幼儿的现实经验，也没有对幼儿发展的预期，前后所提的问题缺乏内在线索和逻辑，不能通过适宜的提问和回应支持幼儿新经验的生发。

1. 连珠炮式的问题轰炸

教师发现小班娃娃家桌上堆满了东西，有很多东西放不下了，只能凌乱地放在地上。

老师："今天谁去买东西的？买了什么？怎么买的？来介绍一下。"

冉冉："我买了西红柿，买了鸡蛋，还买了牛奶和面包。"

老师："买了这么多吗？我们前面说可不可以买这么多？买多了会怎样？"

轩轩："不可以。"

老师："小朋友需要什么才能买什么，一次不能买太多。"

冉冉："我要做西红柿炒鸡蛋，还要给宝宝喝牛奶吃面包啊。"

老师："但是每次不能超过3个哦！"

教师在与幼儿的聊天的过程中像机关枪扫射般一次问太多问题，既涉及"购买"的物品和数量，又要求幼儿按照需要"购物"，一次不能"买"太多，而这里的"太多"是个模糊的概念，对幼儿的行为并无具体要求；且教师聊着聊着自己又提出新的规则："每次不能超过3个"，这完全超出了小班幼儿的思维发展水平，难免引起小班幼儿的认知混乱。教师基于自己的经验为幼儿制定"购买"规则，幼儿并不明白为什么。教师没有耐心倾听幼儿的回应，无视幼儿的经验，更不能抓住主要问题并用幼儿能理解的方式去深化它。

其实，在这样的情境中，教师可以一次提一个问题，引导幼儿逐渐加深认识，不仅知道"是什么"，还能明白"为什么""怎么做"，即引导幼儿基于游戏需要（让操作台面上有操作的空间）以自己的方式解决问题（有序整理操作台面，使之既能放下东西，又能让出操作空间），才能帮助幼儿理解规则（按需"购物"）的必要性，或另想办法丰富游戏材料（用双层置物架等）。

2. 教师自问自答，无视幼儿的存在

教师沉浸在自己的话语体系中"自说自话""自问自答"，浮于表面地提问和回应，不管幼儿的反应。在这种情况下，教师和幼儿无法形成共生的、相互触动的交流状态，更实现不了彼此的相互理解和积极沟通。比如在下面的案例中，教师来到小班的娃娃家，和幼儿进行聊天。

老师："你们在干什么？"

幼儿无回应。

老师："哦，我知道了，你们建了一个泳池，想让娃娃家的娃娃来游泳……"

幼儿忙着给娃娃戴游泳圈，仍然无回应。

老师："这个泳池的水好多呀，但是感觉不是很干净，你们有没有换水呀？是不是要先把泳池里的水放出来，再换干净的水进去……"

幼儿："水不脏啊！"

上述案例中，教师发起的聊天只是她自己的自问自答，干扰了幼儿的游戏过程。教师提出问题后不见幼儿回应，于是自说自话"我知道了"，既然知道，为什么要问呢？随后，在不了解游戏进程的情况下，教师随心所欲地说"水不干净，要换水"。单从儿童的视角来看，他们并不认同教师所说的"水脏"。可见，这个案例中，教师发起的聊天是单方面的"自嗨"行为，完全没有激起幼儿参与聊天的热情，就更不要谈支持幼儿游戏经验的提升了。

3. 各说各话，缺乏共鸣

师幼聊天不在一个"频道"上，南辕北辙，毫无交点。教师和幼儿没有形成相互尊重、相互回应的、双向的交流状态，便不会产生互生互长的交流、反思和行动。教师完全无视幼儿的想法和现实经验，从自身经验出发，急于告知幼儿相关经验，并纠正幼儿不符合教师预期的"错误"经验，聊天缺乏幼儿想法的参与，更谈不上扩展与增长幼儿的经验。比如在下面的案例中，一名小班幼儿迁移了在生活中喝水果茶的经验，将水果放在锅里煮。教师看见后，开启了聊天。

老师："你怎么把水果放在锅里煮啊？"

幼儿："我在烧水果汤。"

老师："可是**水果是不能当菜烧**的哦！"

幼儿："我喝过水果汤的。"

老师："你吃过什么好吃的菜？可以买什么菜来炒一炒呢？"

幼儿："我烧的水果汤很甜的，有香蕉和苹果。"

上述案例中，教师完全没有关注幼儿当前的现实需要，跟不上幼儿的思维节奏，却武断地希望把幼儿牵引进自己的经验"轨道"。其实，针对幼儿生发的游戏行为，教师可以暂时放下自身关于"水果不能当菜烧"的经验，尊重并顺应幼儿的游戏经验，通过聊天了解幼儿的游戏行为，如可以这样问："为什么要用水果烧汤呀？""你喝过的水果汤是什么味道的呀？""用什么水果烧汤呢？"围绕幼儿"烧水果汤"的游戏行为，自然而然地拓展幼儿对水果的食用方式、水果汤的做法和口感等多方面的认识，其实这也是教师认知范围的拓展过程。在这个意义上，可见游戏中的聊天是促进师幼双方同生共长的。

4. 随性而为，自相矛盾

教师在与幼儿聊天的过程中，提问和回应前后矛盾，无法分析幼儿传达的信息，更不能鼓励、支持幼儿更丰富的表达、探索与尝试。下面这个片段，是在一次游戏分享环节，教师和中班幼儿进行的自相矛盾的聊天。

老师："游戏中遇到什么问题？"

桐桐："服务员上菜太慢了，我们**等了很长时间**。"

冬冬、昊昊："服务员一直不来，我们就**一直坐着**。"

殿殿（快餐店的厨师）："很多人点水饺，我来不及包，一直在包，一直在包，我都累死了。"

老师：**"有什么解决问题的好办法？"**

欣然："多几个人当厨师。"

老师："增加厨师的人数？但厨师只能一个人呀！"

米粒："请顾客排队，等一会儿。"

老师："这是个好办法。"

桐桐：**"可是，我们排队等好长时间了……"**

老师："我**建议你们可以去玩其他的游戏，等人少了再来玩也行吧！**"

上述案例中，幼儿提出在游戏中排队时间长、消极等待的问题后，教师让大家集思广益发表意见，但又认同了排队等待的方法，前后矛盾，不仅没有支持幼儿解决问题，反而建议幼儿放弃游戏机会。教师忽视幼儿的需要和感受，没有很好地利用幼儿发现问题的契机，以适宜的提问和回应支持幼儿在游戏中生发新经验，助推幼儿解决问题能力的提高。

5. 随心所欲，强人所难

教师不能先"悬置"自己的想法，去考虑儿童的真实感受，而是自顾自地提问，期望幼儿按照成人的想法表现出"高水平"的游戏状态，没有意识到教师在幼儿的游戏中是陪伴者和支持者，而不是塑造者。在下面的案例中，大班两名幼儿搭建好了一个娃娃家，教师发现后，企图引导幼儿搭建帐篷。

老师："这是你们的新房子吗？"

一一："是的，我们今天刚刚搬家了，因为这里很宽敞，还可以玩那个攀爬网。"

老师："可是这里好像有点晒，如果**去那边搭个帐篷会更好**。"

一一："可是我们喜欢这里，**不想搭帐篷**。"

老师："我看别的家都搭过帐篷了，你们还是去搭吧。"

果果**不情愿**地从箱子里找出来一块布，指着攀爬网说："把这个搭在网子上面不就是帐篷吗？**我们可以不去那边**。"

此案例中，搭帐篷并非幼儿的游戏兴趣和需要，教师一厢情愿地建议幼儿搭帐篷，以自己的想法代替幼儿的想法。教师并没有站在幼儿的立场，倾听他们内心的真实想法，无法让幼儿体验游戏的乐趣，也无法给幼儿带来思维的挑战。而很多成功的聊天案例证明，如果教师能放低姿态、放慢脚步，尊重和倾听幼儿的真实想法，给予幼儿自由表达与创造的空间，幼儿就有机会提升自主发现问题、解决问题的能力。

6. 循环重复，原地打转

教师在与幼儿聊天的过程中，不关注幼儿经验的提升与拓展，不能推动幼儿经验的递进性发展。如下面这个案例，大班幼儿进行"为娃娃家送餐"的游戏，教师对幼儿提出的游戏中碰到的问题（找不到送餐地址）与解决办法（记住买家、看门牌号、联系买家等）浅尝辄止，聊天内容兜兜转转回到原来的问题上。

老师:"今天外卖员在送餐过程中碰到了什么问题?"
妍妍:"有好几家娃娃家,我不知道送哪家?"
老师:"送的是什么?"
妍妍:"鸭血粉丝汤。"
老师:"**哪家爸爸妈妈请你送的**?"
妍妍:"不记得了,娃娃家没有门牌号。"
老师:"**没有门牌号,怎么送呢**?"
嘟嘟:"打电话,我见过外卖单上有电话。"
团团:"没法打电话,我们没电话。"
老师:"**没电话怎么找是哪一家**?"
幼儿无回应。

尽管我们说游戏中的聊天话题自由,但教师一定要追随幼儿的兴趣,帮助幼儿解决遇到的问题,既要避免凌驾于幼儿经验之上的灌输和说教,又要想办法助推幼儿获得新经验,以解决真实的问题。在上述案例中,教师应该引导幼儿聚焦如何解决"没有门牌号"的问题来展开聊天,支持幼儿经验的递进发展,生成有挑战、能够扩展幼儿经验的主题和话题,而不是毫无加工地把幼儿的问题再抛回给幼儿。从生活中的门牌号到娃娃家的门牌号,其中有很大的探究空间,教师完全可以整合数学、美术、语言、社会等多个领域的目标,支持幼儿探索、拓展、积累那些有助于他们感知世界、适应社会生活的经验,引导他们产生想法、建立概念并不断实践,从而衍生出娃娃家门牌号的命名、制作及呈现等游戏内容。

(二)聊天中的注意事项

幼儿游戏中的聊天是一种教师与幼儿互动的方式,也是一种有技巧、有意识的教学机会。通过聊天,教师专注于幼儿的言行,敏感地、有意识地对幼儿的需求做出回应,并根据幼儿不同的发展水平和学习方式判断——后续的聊天内容与方向该怎样选择。

这里需要注意几个要点:

第一,快速思考幼儿已经知道了什么,其经验涉及哪个领域的内容。教师要迅速提取自己对领域学习内容和学习顺序的专业知识,决定如何拓展幼儿的学习。

第二,适度唤起幼儿的兴趣和动机,而不是用力过猛,目标过高,大大超出幼儿的经验水平,让幼儿因感到压力大和不安而产生抗拒心理。在唤醒幼儿的动机和兴趣时,要给幼儿留出思考和回应问题的时间,不急于或不告诉幼儿答案。

第三,幼儿的学习要有意义。教师要考虑幼儿已有的经验,耐心观察,减少干扰,尽量避免把幼儿带往与目前游戏情节不相干的方向。聊天的内容要能把幼儿之前的经历与当下的兴趣相联系,把生活的经验和各领域知识的学习相连接,从而助推幼儿在熟悉的、已知的经验基础上形成新的概念和信息。在下面中班"医院"游戏中,"医生"手里拿着"电脑""手机""平板"等在忙碌着,教师无视幼儿的游戏行为和经验发起了聊天,反而干扰了游戏的进程。

老师:"你们今天玩的什么呀?"

幼儿:"医院游戏。"

老师:"那怎么不见你们给病人看病呢?"

幼儿:"我们在熬夜呢。"

老师:"不能老是看手机哦!要早点睡觉了。"

幼儿没有回应。

五、聊天的策略

为了达成了解幼儿的游戏想法、激活幼儿经验、"鹰架"幼儿学习的目的,鼓励幼儿在宽松、自由的氛围中表达自己的想法和思考,教师可以先从幼儿所熟知的具体事物和现象开始,以"无知"的状态向幼儿抛出一个问题,然后顺着幼儿的思路一步步地发问。教师可以通过巧问问题、巧设情境、巧连经验等策略了解幼儿的经验基础,助推幼儿的发展。

（一）巧问问题

聊天是一个巧妙地来回"抛""接"问题的互动过程，当幼儿在游戏中遇到困难或求助于教师时，教师若直接告知幼儿答案，帮助幼儿解决问题，不利于培养幼儿独立思考、解决问题的能力。教师应该将幼儿或教师发现的问题转换为包含教师期望或解决方法的问题抛给幼儿，给幼儿留下自己探索、发现的空间。这个过程是否会得到有效回应、是否持续，取决于**问的问题及提问方式**。

1. 以开放性问题了解幼儿的想法并引导幼儿独立思考

开放性问题没有固定的答案，每个幼儿都能根据自己的理解和擅长的方面做出回应，弥补教师观察的不足。开放性问题有助于教师了解幼儿的经验、兴趣及能力水平，也能满足幼儿基于自身能力解决问题的需要。在下面这个案例中，中班"小剧院"负责"售票"的嘟嘟在埋头画座位记录表。教师发现幼儿画的记录表与现场实际的座位情况并不一致，于是扮演观众去"买票"，嘟嘟很开心地和教师有了下面的聊天。

售票员："你要几排几号？"

观众："哪个最好？我要最好的那张票。" 启发幼儿思考、选择位置最好的票。

售票员直接在座位表上找到第一排3号的格子，用笔做了标记，表示观众买了这张票。观众发现现场每一排实际摆了6个座位，于是继续问售票员。

图1　一排5个座位的记录表　　图2　一排6个座位的实景

观众："你确定这是最好的票吗？" 了解幼儿的想法。

售票员指着记录表（见图1）说："第一排是最前面的，3号是最中间的呀！"

观众指着实景（见图2）说："你看看呢，剧院里面3号不是最中间的呀！"

售票员跑过去数了数座位，发现每排多了一张椅子，于是把每一排最边上的椅子都拿走了，跑回来对观众说："这下在中间了。"

该案例中，教师想让幼儿自己意识到游戏中的问题，因此，并没有直接纠正幼儿，而是以观众的身份"买票"，巧设了带有要求的开放性问题，了解幼儿对"最好座位"的理解。基于幼儿认为"第一排最中间是最好的"想法，引导幼儿关注座位实景，发现每排座位实际数量与自己原来以为的不一致，从而产生认知冲突，主动做出改变每排椅子数量的行为。相比于教师直接询问"为什么你只画了5个座位？"或"我想要第二排第6个座位"的指导，"哪个最好？我要最好的那张票。""你确定这是最好的票吗？"这样的提问既尊重了幼儿自主游戏的需要，又达到了帮助幼儿主动纠正不完善的经验的指导效果。

2. 以方向性问题推动游戏情节的发展

基于幼儿的经验，教师通过层层递进的问题，引导幼儿朝着教师期望的方向努力，以此统整幼儿已有的经验，推动游戏情节的发展。方向性问题可以是一个个单独的问题，也可以是一个整体的方向，要根据幼儿的具体情况来选择、调整。比如，大班幼儿用雪花片搭房子时，因为地基部分对边雪花片的数量不等，出现了房子总是向一边倾倒的问题，幼儿认真地讨论、分析原因，但又因经验不足，无法找到关键原因。这时教师可以接住幼儿的话题，以带有一定指向的问题"你们看看房子的底部有什么问题？"给予幼儿有方向性的提示。又比如，在前文"聊天的情境与侧重点"部分，在"游戏活动后的聊天"的案例中，教师围绕"怎么照顾宝宝"这个方向，以连续的追问，引导幼儿梳理感冒的处理办法和预防措施等，从而帮助幼儿巩固、提升了生活经验。这里再呈现一个以方向性问题开启聊天的案例：教师围绕娃娃家中人数过多的问题与幼儿聊天，引导幼儿自主调整娃娃家的人数。

老师："妈妈，你怎么跑家外面来了？"

萱萱:"我在外面给宝宝倒热水。"

老师:"为什么不在家里倒呢?"

萱萱:"家里面太挤了!没地方站。"

老师:"家里有几个人啊?"

幼儿:"6个人!"

老师:"妈妈都被挤到门外面给宝宝冲热水了。你们觉得家里几个人玩合适?"

幼儿:"4个人。"

老师:"为什么呢?"

幼儿:"6个人太挤了!"

老师:"你们觉得挤不挤啊?"

幼儿:"挤!"

老师:"那你们说怎么办?人多了怎么办?"

晶晶:"我们人已经够了,请你去其他家玩吧!"

老师:"嗯,这句话好有礼貌啊。"

该案例中,教师在积极的师幼互动过程中,围绕"娃娃家的人数"这个问题连续追问,不断引导幼儿沿着调整人数这个方向进行思考,自己说出几个人合适。教师发现了幼儿游戏中被忽略的细节,并以一问一答的方式帮助幼儿解决了人数多的问题,使其积累了区域游戏经验。

3. 以挑战性问题激发幼儿的创造力

对幼儿而言,挑战性的任务虽然具有一定的难度,却在幼儿通过努力可以完成的范围之内。适合幼儿身心发展水平的带有挑战任务的问题,能有效提升幼儿的游戏水平,促进幼儿游戏的深入开展。例如:大班建构区游戏刚开始不久,三名男孩很快就把为数不多的纸砖用完了,无所事事的他们就开始聊天,于是,在一旁观察的教师也加入了他们的聊天。

老师:"请问你们这是什么地方啊?"

心宝:"搭的房子。"

畅畅："是小区。"

老师："这是什么小区啊？"

畅畅："剑开花园。"

浩宇："我家就住在剑开花园。"

老师："我怎么知道这里是剑开花园呀？"

浩宇："这里就是呀！"

老师："可是我不知道。有什么办法让不熟悉这里的人能找到剑开花园呢？" 引导幼儿主动思考，创造性地解决问题。

心宝："我们可以告诉他们。"

老师："万一你们不在的时候别人来了，他找不到怎么办呢？" 继续提出假设的情境，引导幼儿思考更适宜的方法。

畅畅："我们写个'剑开花园'，贴在门口。"

心宝："可是我们不会写字，怎么办？"

老师："相信你们有自己的办法。"

三名幼儿商量后，画了一把剑、一辆汽车（表示"开"）、一朵花、一个圆表示"剑开花园"。

图1 幼儿用图画表示"剑开花园"

在看到幼儿没有后续行为后，老师继续提问："怎么能让人看见小区的名字呢？"

男孩们:"放在门口、贴在墙上、挂在门口……"

老师:"还有没有什么办法,让人远远地就能看见呢?"

> 以具有挑战性的任务激发幼儿的创造力。

心宝:"像高速公路的广告牌,贴高一点,好远都能看见。"

于是,幼儿用积木和纸砖搭建了一个柱状结构,并将"剑开花园"贴在上面。

图2　像广告牌那样贴"小区标志"

这个案例中,教师观察到幼儿的建构经验止于简单的搭建作品,没有新经验的生成,而大班幼儿应具备反映事物的细节特征的能力,应能用数字、图画或其他符号表现事物或自己的发现。因此,教师并不急于告知幼儿解决问题的办法,而是基于幼儿现有的游戏状况,以幼儿能够理解的问题向他们提出具有挑战性的任务,激发他们的想象力和创造力,慢慢引导幼儿生成了以图画创造性地表现小区名称、在醒目处搭建柱状结构并将"小区标志"粘贴在上面等新的游戏情节,提升了幼儿解决问题的能力。

(二)巧设情境

在幼儿的游戏中或幼儿回应教师的问题时,即使教师发现有错误或不合理的地方,也不要立即纠正,毕竟这是教师的发现而幼儿并无意识。教师可以设置蕴含着幼儿遇到的问题的情境,通过给幼儿**设置困难点和障碍点**,促使他们自己发现因前后行为或回答不一致而产生的矛盾,激发他们的求知欲和解决问题的动力,然后,教师再逐步引申、归纳,慢慢地引导幼儿探索新的方式，改变或放弃原来的错误见解，帮助幼儿自己获得新经验。

1. 寻找、设置认知冲突

春季，大班幼儿在医院测量身高，有专门的记录员记录测量对象的学号、身高、臂长、腿长、腰围……大宝正在帮教师测量身高，他把皮尺（长150厘米）起点压在教师脚下，然后将尺子从下往上拉，踮起脚看尺子最顶端的数字。

大宝："150。"

老师："你量到我的头顶了吗？"

大宝："没有。"

老师："身高是不是要量到头顶？" ｜ 指出幼儿测量行为和正确测量方法之间的差异，了解幼儿的想法。

大宝："老师太高了，够不着。"

老师："有什么办法能量到头顶呢？"

大宝："我想从头开始量。"

老师："你想怎么从我的头开始量？"

大宝："老师可以躺下吗？"

老师："我躺下，你来量吧。"

大宝从老师头顶开始往脚的方向拉尺子，并说："尺子不够，怎么办？"

女孩："可以把尺子接起来。"

大宝从尺子150厘米的位置开始连接，继续量到老师的脚尖，说："到21。"

老师："现在是多少呢？"

大宝："15021。"

老师："你量的是脚尖还是脚跟？"

大宝："到脚尖。"

老师："你想想，人站起来的时候是量到脚尖还是脚跟？" ｜ 以人惯常的站立姿势引导幼儿反思测量终点的正确位置。

大宝："脚跟。"

老师："那是不是该量到脚跟？"

大宝重新测量，随后说："14，连起来是15014。"

老师："你是把两次测量的结果连在一起的吗？" <small>引导幼儿思考正确的读数方法。</small>

大宝："不对，应该加起来。"

老师："那老师的身高是多少呢？"

大宝："不知道。"

颂一："50+14是64。"

老师："150+14就是164。"

在这个案例中，教师利用幼儿对测量身高的兴趣，参与游戏，配合幼儿量身高，并通过与幼儿的互动，为幼儿设置了从哪里开始量、尺子长度不够怎么办、量到哪里、量出的两个数字怎么表示身高等一系列蕴含认知冲突的问题，引导幼儿体验不断碰到测量困难以及成功解决困难的喜悦。如果没有教师与幼儿方法得当的聊天，幼儿的经验或许就停留在尺子不够长、测量对象太高了够不着等某个游戏行为处了。

2. 捕捉"经验漏洞"

幼儿在游戏中会表现出许多经验不完善或矛盾的地方，比如前文提到的"公交车司机开车带乘客到医院"的案例，游戏中，幼儿的经验反映现实，又超越现实，游戏情节与他的生活经验不完全一致；又比如，幼儿游戏中出现了一些新的情节，却缺少相关认知经验或生活经验的支持，游戏中的幼儿可能自己意识不到，需要教师帮助他们理清思路，催生新经验。下面的例子正说明了幼儿的游戏表现与游戏经验不一致的现象。案例中，教师在蛋糕店欣赏幼儿制作的"蛋糕"，发现蛋糕店旁边挂着的牌子上贴有一张画有娃娃的纸，教师并不知道其含义，为了了解幼儿的游戏行为与当前经验，教师开启了下面的聊天。

老师："这个是什么意思呀？"

幼儿："招聘营业员的广告。"

老师："招男的还是女的呀？" <small>跟随幼儿的游戏想法，帮助幼儿明确招聘对象的性别，丰富幼儿对"招聘"的经验。</small>

幼儿："我画（的是）一个穿裙子的。"

老师发现图中有一个厨师帽，于是继续提问："营业员戴厨师帽吗？"

幼儿："营业员戴（穿）围裙。"

老师："招几个人呀？" 继续丰富幼儿对"招聘"的经验。

幼儿："2个。"

老师："我只看见了一个人。"

幼儿听后，用笔在娃娃的旁边画了两条横线，表示招人的数量。

上述案例中，教师借助"游戏语言"，以看似不经意的问题帮助幼儿意识到表征的不完整，引导幼儿主动完善信息，既保护了幼儿的游戏信心，又达到了隐性指导、丰富游戏情节的效果。在幼儿看来，教师的提问轻松且不经意，其实专业的教师抓住了幼儿对"招聘"这件事情经验尚不完善的现实，利用幼儿现有表征不够清晰这个"漏洞"，帮助幼儿理清"招聘对象"的性别、人数等，达成了丰富、扩展幼儿的游戏经验的目的。这就是聊天和回答问题的不同——幼儿并不能一下子说出教师希望他们回答的固定答案，而是以自己的真实想法逐步回应教师的问题。

（三）巧连经验

张雪门先生主张：游戏的功能、价值不限于游戏本身，游戏能将各种活动和东西全画在一起。[①] 他认为游戏并非孤立、简单的娱乐活动，游戏中所涉及的经验可以融在一起。这里讲的"经验"主要包括两个层面：

一是自然的经验和人为的经验。有幼儿在游戏中表现出的随衣食住行的自然变化而累积的零碎不全、不系统、无目的的自然生活经验，也会表现出为了幼儿的全面发展，遵循幼儿的发展轨迹，以一定的线索组织起来的人为经验。

二是需要的经验和必要的经验。需要的经验是能满足幼儿兴趣的经验，而必要的经验不一定完全符合幼儿的兴趣，却是他们发展过程中必需的，比如身体方面的体能锻炼，认知方面的几何形状、图文符号、数概念等涉及领

[①] 张雪门.张雪门幼儿教育文集[M].戴自俺，主编.北京：北京少年儿童出版社，1994：29.

域学习的经验。

　　游戏并非是完全自由的，**渗透多方面的经验**是游戏过程中非常重要和丰富的一环。在游戏中，无论是慢引幼儿积累的零碎的生活经验，还是整合学习目标和课程目标，将游戏与更为清晰的教育目的相连，引导幼儿进行更为复杂的游戏，还是串联游戏过程中显露出的各类经验，都能提高教育情景中游戏的质量，助推幼儿经验系统的建构。但是这并不等于教师要借助聊天来传授、灌输知识，强制幼儿接受。教师可以听一听幼儿在说什么，看一看他们在做什么，了解幼儿语言和行动的目的，挖掘他们兴趣的价值，然后思考他们现阶段的水平，预判其可发展的空间。教师通过与幼儿共同探讨问题，鼓励幼儿自主发现、自由表达、自我验证，通过适宜的提问和回应给予幼儿必要的支持，帮助幼儿把心中已有的零散经验挖掘出来。教师就好像一个有经验的"催产婆"，一步一步地援助儿童建构知识，启发、帮助幼儿把心灵中已有的知识挖掘出来并进行累积，在已有观念的基础上，尝试独立思考，达到由经验生经验、掌握新概念的目的。

1. 慢引内隐的生活经验，促成经验的连续和完整

　　游戏是幼儿已有经验不断再现、巩固和创生的过程。在游戏过程中，教师能够清晰地看到幼儿显露出的已有经验，而幼儿内隐的经验，教师则需要创造机会，基于幼儿的兴趣和能力，试探性地进行了解，就像把牙膏从管子里挤出来一样。教师在与幼儿有来有往聊天的过程中，刺激幼儿关注生活经验，激活并一点一点挖掘幼儿的内隐经验，致力于帮助幼儿达成经验的连续和完整。本书第四章的"咳嗽怎么办？""用的药和吃的药""取药"等案例就呈现了教师如何在聊天中慢引幼儿内隐的生活经验的过程。

2. 嫁接多元的领域经验，拓展学习的深度和广度

　　幼儿与材料、同伴互动时，他们会发现问题、提出问题，并与身边的人共同探讨。作为游戏的观察者、引导者、合作者，教师应该站在幼儿的视角，以开放的态度接纳他们的想法和情绪，给予幼儿充足的空间和时间，对事物展开探索，同时，也要结合幼儿的年龄特点，顺应幼儿的经验线索，提取对

应的领域学习内容，随后提一些贴近幼儿探索路径的问题，帮助幼儿聚焦思维，引导他们进行更复杂的游戏，促进他们主动思考。

下面是大班幼儿"种菜"的游戏案例。游戏开始时，幼儿自由探索标有数字的"菜地"（泡沫地垫）和带有数字的各种"蔬菜"的玩法，多采用一一对应的方式"种菜"——几号地就种几号蔬菜。其实，游戏玩法还有很大的探索空间。因此，当教师发现鑫鑫用组合的方式"种菜"后，与全体幼儿进行了聊天。下面来具体看一下教师如何顺应鑫鑫的兴趣，通过猜谜游戏，毫无痕迹地完成游戏与数学领域目标的有机渗透。在这个案例中，教师充分调动幼儿参与游戏的积极性、主动性，助推幼儿获得10的分解与组合的经验。

图1 标有数字的"菜地"　　图2 标有数字的"蔬菜"

老师："鑫鑫今天种的10号菜地，我们先来猜一下，10号地可以种什么啊？"

幼儿："可以种5号菜。"

老师："种5号菜，种几个呢？"

幼儿："5号可以种两个。"

老师："鑫鑫，你是不是这么种的？"

鑫鑫："不是。"

老师："我们再猜。除了种两个5号蔬菜，还可以怎么种？"

> 以贴近幼儿思维路径的问题，引导他们思考10的组合方式。

幼儿："1到10。"

老师："1到10是什么意思啊？请讲清楚。"

幼儿："就是还是1个，还是1个，还是1个……"

老师："10个1号蔬菜，种10个1，对不对？好，给他鼓鼓掌。鑫鑫，你是这样种的吗？"

鑫鑫摇摇手，表示不是。

老师："不是，那我们再猜。"

幼儿："种3个。"

老师："3个蔬菜？分别是几号、几号和几号？"

幼儿："1号、2号和……"

老师："1号、2号和几号？"

幼儿："8号。"

多名幼儿："11了，等于11了！要加7！"

老师："那么把8换成几就可以了？再试试看。"

幼儿："换成7，1加2等于3，3加7等于10。"

老师："1号、2号和7号。对吗？"

鑫鑫摇摇手，再次表示不是。

多名幼儿："那我们再猜。"

幼儿："两个2加6，2+2=4。"

老师："6加4等于——"

多名幼儿："10。"

老师："鑫鑫是这样种的吗？"

鑫鑫摇摇手，再次表示不是。

多名幼儿："还不是啊！我们一定能猜到他的方法。"

幼儿："1加9等于10。"

鑫鑫摇摇手，再次表示不是。

幼儿："3加3等于6，再加一个4就等于10了吧。"

老师："3和3，再加4，是你的方法吗？"

鑫鑫摇摇手，再次表示不是。

老师："鑫鑫可以给我们一点提示吗？" 激发幼儿继续参与游戏的兴趣。

鑫鑫："是5个蔬菜。"

幼儿："是5号和5号。"

多名幼儿："不对，它们加在一起还是两个蔬菜。"

老师："对啊，他说是5个蔬菜，5号和5号就两个蔬菜。我们再猜，看看谁能猜中鑫鑫的方法。"

幼儿："4加4，再加1。"

多名幼儿："9。"

老师："那再加几？"

多名幼儿："1。"

老师："好，我们数一数，几个蔬菜啊？"

多名幼儿："1、2、3、4。4个蔬菜。"

幼儿："我知道了，6再加4个1。"

老师："6再加4个1，好，我们来数数看啊，是5个蔬菜哟。我们猜对了吧？"

鑫鑫摇摇手，再次表示不是。

老师："啊！我们请鑫鑫揭晓答案，好不好？"

鑫鑫："5个2。"

老师："我们来看啊，1个2，2个2，3个2，4个2，5个2。我们来加一下啊，2加2？"

多名幼儿："4。"

老师："再加2？"

多名幼儿："6。"

老师："6加2？"

多名幼儿："8。"

老师："8加2？"

多名幼儿："10。"

老师："对不对？"

多名幼儿："对。"

老师:"好,看来今天种菜的小朋友很厉害。老师为你们鼓掌!太棒了!"

上述案例中,教师基于幼儿的"最近发展区",追随幼儿的经验,提出具有方向性和挑战性的问题,让幼儿在轻松愉快的互动氛围中掌握数的分解和组合,拓展和提升了幼儿的数学经验,使幼儿进一步感受到生活中数学的有用和有趣。教师将教育目标内隐,有意识地和幼儿一起"顺藤摸瓜"——"藤"是数的组合经验,即 10 号"地"怎么"种菜";"瓜"则有多个,即 10 的分解和组合的多种方式——大家边聊边猜,寻找答案。游戏中,明线暗线交织,构成了幼儿自主建构新经验的生动画面,实现了游戏与课程目标的自然整合。

再比如,教师与中班幼儿关于"拖鞋换扇子"的聊天案例(见本书第四章案例部分)。艺术欣赏活动"美丽的扇子"结束后,幼儿们制作了各种各样的扇子,教师将这些扇子投放到游戏"夏日用品店"中。教师通过持续提出含有新要求的问题,无痕地将中班数学关键经验渗透其中,基于幼儿已有的生活经验,调用领域教学经验,引导幼儿尝试探索新的、不同的思考方式,使幼儿的经验逐渐变得成熟和丰富。

3. 串联零散的游戏经验,激活潜在的兴趣和能力

教师通过与幼儿聊天互动,把游戏中幼儿显露出的零散经验串起来,把游戏中角色之间的关系串起来,促进幼儿与他人建立积极关系。游戏中经常会发生游戏情节停滞、幼儿无所事事等现象,面对这样的情况,如果教师用直接给予答案或随意回答幼儿的问题等方式来影响幼儿的行为,幼儿的游戏质量和自我规范能力就会降低。相反,教师可以巧用问题来帮助幼儿连接、整合多方经验,促进幼儿与他人接通关系,促进各游戏之间的融通。下面结合中班"包店"游戏来分析教师如何通过提问"穿针引线",串联幼儿在游戏中吸引"客人"的经验。在这个案例中,教师发现包店里只有乐乐一人在"做包","营业员"丁丁和毛毛不知去了哪里,当看到丁丁和毛毛逛完"商场"并各自买了一部"手机"后,教师和幼儿进行了聊天。

老师:"你们怎么都不在店里呢?顾客要来买包怎么办呢?"
丁丁:"一直都没有人来买包,我们才去买手机的。"

（教师意识到"没人买包"才是丁丁和毛毛不在店里的原因。）

老师："哦！我都不知道这里是包店啊。那你们想想办法，怎么把包卖出去呢？"

这时来了一名顾客，教师站到一旁。

丁丁："你要买什么包？"

顾客："我想要一个小一点的一块钱的包。"

丁丁笑眯眯地拿了一个包给她，顾客拿了包离开。

老师："你们对买包的顾客很友好，这是个好办法！我也想买一个包。"

> 提示幼儿以自己的友好行为作为吸引"顾客"并与他人建立积极关系的第一个"引子"。

毛毛拿着一个粘满小贴画的包："我要推荐这个包。"

老师："假如我现在是一个路过的人，你要怎么给我推销这款包？"

> 顺着幼儿的思路，提出以推销作为第二个"引子"，启发幼儿思考推销的内容。

毛毛："这个包很漂亮，上面有很多小贴画。"

老师："除了小贴画，这个包还有什么好处呢？能再介绍一点吗？"

毛毛："包里面还可以装轻点的东西，拿起来就可以轻松一点。"

老师："听你这么介绍，这个包好像真的挺好的，我想买了。"

老师："那这个包多少钱啊？"

毛毛："7块钱。"

老师："有点贵！能不能便宜点呢？"

毛毛："可以，那就4块钱吧。"

老师："从7块降到4块，便宜了好多，我买了吧。"

> 肯定幼儿的想法和实践，提出以降价作为吸引"顾客"并与他人进一步建立联系的第三个"引子"。

就在这时，一个买过包的顾客拿着包又回来了。

顾客："老板，你看我买的包，带子断了，我要退货。"

丁丁："这个粘上就可以了。"

顾客："万一再断怎么办？"

见顾客还是不满意，丁丁又说："那我再送你一个包好了。"

老师:"刚才的包是用什么办法卖出去的?"

丁丁:"买一送一。"

老师:"嗯,用买一送一的办法来卖包,这个办法真好!"

> 再次肯定幼儿的想法和实践,指出以"买一送一"作为第四个促销的"引子"。

包店生意越来越好,挂在墙面上方的包所剩无几了,教师见丁丁把挂在下方的包往上面挪了挪。

老师:"你为什么把下面的包挪到上面呢?"

丁丁:"因为挂在下面别人都看不到。"

老师:"那挪到上面会怎么样呢?"

丁丁:"别人能一眼看到,就会买了。"

老师:"真会动脑筋,通过移动包的位置让顾客更容易看见包。"

> 以情绪呼应肯定幼儿的想法和实践,提出以调整包的摆放位置作为第五个促销的"引子"。

在这个案例中,教师作为幼儿发展的指导者、促进者,没有直接告诉幼儿"该怎么做",而是在观察和思考的基础上,将"有意"化为"无意",通过和店里两位"营业员"聊天,在肯定和接纳幼儿积极的探索行为的同时,将幼儿自己的实践经验巧妙地转化为一个一个促进销售的"引子"——"礼貌待客""推销""降价""买一送一""调整位置"——促进"包店"游戏的发展,帮助店里两位"营业员"吸引"客人"并一步一步与"客人"建立积极关系。教师的"穿针引线"既维护了幼儿已有的游戏兴趣,又强化、串联了他们在游戏中的积极经验,更促进了游戏情节发展。

综上,游戏中的师幼聊天,就是教师以幼儿喜欢的方式,激起幼儿自觉向更高水平前进的冲动,促使幼儿表现自己日益丰富的经验、更为成熟的能力,实现从当前水平向更高水平的发展。游戏中的师幼聊天,其最高目的就是助推幼儿的充分生长、能力的充分实现。

第四章
游戏中的聊天案例

娃娃家的灶台 <small>小班 角色区</small>

  这段时间，除了户外娃娃家外，室内也新增了一个娃娃家，区域内提供的材料有纸砖、清水积木、锅、碗筷、地垫、娃娃等。虽然幼儿很喜欢这个室内娃娃家，但教师在观察幼儿游戏时发现他们尚不能很好地利用现有材料进行游戏，如：幼儿把纸砖随意地散落在地上；把锅和碗筷直接放在地垫上，在地垫上切菜、炒菜、吃饭等。因此教师介入游戏，引导幼儿利用现有材料助推游戏情节发展。

游戏片段

老师："你在做什么吃的？看起来很好吃呢！" <small>了解幼儿的游戏情节。</small>

柠檬："我在做菜汤，青菜豆腐汤。"

说完，她拿起水壶，假装向锅里倒了一些水。

老师："你这是在哪里做饭呀？" <small>调动幼儿"在厨房做饭"的已有经验。</small>

柠檬："厨房。"

老师："这里是厨房吗？" <small>试图唤醒幼儿关于厨房环境的已有经验。</small>

柠檬："这里就是厨房。"

老师指了指周围空空的地方，说："厨房里有什么？" | 引导幼儿观察游戏场地，让幼儿意识到"厨房"里应该是有"灶台"的。

柠檬："有灶台，可是我没有。"

老师："你怎么没有灶台呢？"

柠檬："外面有。"（户外娃娃家有提供成品灶台。）

老师："外面的娃娃家没有桌子，他们是怎么办的？" | 引导幼儿观察学习同伴用材料搭建桌子的方法，解决室内娃娃家没有"灶台"的问题。

柠檬："他们用纸箱和轮胎搭的，还有床板。"

老师："那你没有灶台，可以想什么办法吗？" | 引导幼儿使用现有材料进行搭建。

柠檬："我来搭一个吧！"

柠檬从放置积木的柜子里拿来两块纸砖，将它们平放在桌子上，然后把另一块纸砖横着摆放在两块基础纸砖之上，再把方形积木围在搭好的台子周围，形成一个灶台。最后她将地上的锅拿起来，放在灶台上面，开始做饭。

图1 柠檬在"灶台"上"做饭"

睿宝（图2最右边的男孩）："我也想要一个灶台。"

老师："你也可以做一个灶台，这个就是柠檬自己做的。"

睿宝："可是正方形的积木没有了。"

老师："还有什么形状的灶台呢？你可以想一想，做一个自己喜欢的灶台！" | 鼓励幼儿大胆想象并进行创造，不拘泥于已有的"灶台"造型。

睿宝："我要做一个超级长的灶台，上面能放好多锅！"

睿宝将四块纸砖平放在桌面上当灶台，又将自己之前拿的锅和铲子放在灶台上。

图2　幼儿在自己搭建的"灶台"上"做饭"

分析

该案例中，教师作为幼儿游戏活动的支持者、引导者，言语和行为都很好地体现了《幼儿园教育指导纲要（试行）》中"耐心倾听，努力理解幼儿的想法与感受，支持、鼓励他们大胆探索与表达"的精神。为了帮助幼儿认识、探索低结构材料的使用方法，教师在了解幼儿当前的游戏情节后，在顺应幼儿游戏兴趣的基础上，一步步引导幼儿关注"厨房"的环境，推动幼儿生成了搭建"灶台"并在"灶台"上"做饭"等情节，帮助幼儿获得利用低结构材料搭建娃娃家器具的新经验。此外，教师还注意引导同伴之间相互学习模仿，使幼儿获取的新经验向外辐射。

该案例中，教师从幼儿的游戏兴趣和经验出发，寻找可以引导幼儿创意使用低结构材料的切入点。首先，教师通过"你在做什么吃的？""你这是在哪里做饭呀？"等问题了解幼儿的游戏情节。随后，基于幼儿的回应，以"这里是厨房吗？""厨房里有什么？"等问题，以及手势动作，将话题引到"厨房"的环境和需要的器具上面，唤醒幼儿关于在厨房做饭需要灶台的生活经验。然后又通过"外面的娃娃家没有桌子，他们是怎么办的？""那你没有灶台，可以想什么办法吗？"等问题，将幼儿已有的零散经验一点一点地挖掘出来，就好像挤牙膏一样，慢慢地通过问题情境把幼儿已有的经验"挤"出来，帮助幼儿学习同伴解决问题的办法——用纸砖和积木搭建灶台，并鼓励玩室内"娃娃家"游戏的其他幼儿大胆想象、创造，尝试用不同的材料与搭建方法建造其他样式的灶台。教师通过轻松闲散的聊天，唤醒幼儿的已有经验，并帮助幼儿迁移经验，不仅丰富了小班幼儿的游戏情节，还提升了幼儿创造性地使用低结构游戏材料的能力。

给宝宝过生日   小班　角色区

　　初入小班的小朋友们非常喜欢"娃娃家"游戏，因此在本学期进行环境创设时，教师在室内相对的两面墙边共规划了6个娃娃家，每面墙边设置了3个，每个娃娃家均以小朋友们喜欢的某种动物命名。某天，游戏时间到了，小朋友们纷纷选定不同的娃娃家开始游戏，教师也在中间的过道来回走动，观察娃娃家的游戏情况。不一会儿，"小猪家"的妈妈拿着玩具电话给教师打电话。此时教师距离"小猪家"不到3米，两人目光对视。

游戏片段一：邀请老师到家里给宝宝过生日

妈妈："喂，老师。"

老师将手放在耳边，说："喂，你找我有什么事啊？"   〔以手势做出接电话的动作，并以问题帮助幼儿明确"打电话"的目的。〕

妈妈："到我家来给宝宝过生日。"

老师："你是哪一家啊？"   〔暗示幼儿进行自我介绍。〕

妈妈："我是小猪家。"

老师："那我怎么走啊？"   〔引导幼儿说出自己所在的娃娃家的地点。〕

妈妈："你左拐，再直走就到了。"

这时，"小猪家"的爸爸走到教师面前来接她。

老师："小猪爸爸来接我了，我这就来。"

游戏片段二：怎么给宝宝过生日

"小猪家"的桌子上有一个用积木搭成的生日蛋糕。教师进来后，妈妈和教师相对而坐。

老师:"你们家宝宝过几岁生日啊?"   围绕幼儿的兴趣点,以方向性问题串联幼儿对"过生日"的已有经验。

妈妈:"3岁。"

老师:"有蜡烛吗?"

妈妈:"没有。"

老师:"哦,你们家没有蜡烛啊。"

爸爸:"哦,我去买。"

老师:"哎,你等一下啊,蜡烛是什么样子的啊?"   引导幼儿关注事物的形状,并据此寻找替代物。

爸爸:"直直的。"

爸爸从"百宝箱"里拿来一根短而细的绿色管子当蜡烛。

老师:"怎么插啊?"

妈妈:"这儿插一根,那儿插一根。"

老师:"插几根啊?"   引导幼儿根据"宝宝"的年龄匹配等量的"蜡烛",感受基数的意义。

妈妈:"3根。"

爸爸又从"百宝箱"里拿来两根绿色管子。

爸爸:"我去找打火机。"

老师:"打火机是什么形状的?"   引导幼儿关注事物的形状,并据此寻找替代物。

爸爸:"是长方形的。"

爸爸从"百宝箱"里拿来一块长方形积木当打火机。

老师:"宝宝醒了吗?"

妈妈:"醒了。"

老师:"你家宝宝叫什么名字啊?"

妈妈:"就叫宝宝。"

老师:"宝宝真可爱。"

接下来,教师和幼儿一起唱生日歌、吹蜡烛,吹蜡烛的是"小猪家"的爸爸和妈妈而不是宝宝。

老师:"谁吹蜡烛啊?"   暗示幼儿吹蜡烛的人应该是过生日的人。

妈妈、爸爸："宝宝吹。"

于是，妈妈和爸爸重新让宝宝吹了蜡烛。接下来是"切蛋糕"的环节。

爸爸："没刀。"

老师："啊？你们家没刀啊？" 引导幼儿寻找"刀"用以"切蛋糕"。

妈妈："有刀。"

妈妈拿来刀（长方形积木）并把刀递给了爸爸。随后爸爸把蛋糕切好，先给了教师一份，然后妈妈和爸爸各拿了一份，开始吃起来。

老师："为什么先给我吃？" 鼓励幼儿有礼貌地招待客人。

妈妈、爸爸："因为你是客人。"

老师："哦，要先给客人吃啊，你们可真有礼貌。"

教师假装吃完蛋糕，然后跟幼儿有礼貌地道别。

分析

这个游戏片段中的聊天分为两个部分：一是以"电话"为媒介的师幼聊天。教师首先追随幼儿的兴趣，假装和幼儿通电话，参与到游戏中。然后采用"巧问问题"策略，通过三个问题——"你找我有什么事啊？"（引导幼儿说一说打电话的目的）"你是哪一家啊？"（引导幼儿进行自我介绍）"那我怎么走啊？"（引导幼儿说出自己相对于教师的地点），一步一步向幼儿渗透打电话邀请客人来做客的经验。教师用游戏的方式替代了直接教授，让幼儿明白打电话时要告知对方为什么要打这个电话，并介绍自己是谁以及自己的家在哪里。在这个片段中，教师充分尊重了幼儿的认知发展水平和年龄特征，即小班幼儿还不能完全依靠语言来开展游戏，当真实事物不在眼前时他们会用其他事物来替代。因此，当幼儿给教师"打电话"时，教师迅速用手势做出"接电话"的动作，并且把在视线范围内的情景假想成不在眼前。教师只有"蹲下来"，站在幼儿的角度去理解幼儿，才能问出上述三个问题，避免出现当幼儿"打电话"给教师时，教师直奔"小猪家"这样的"出戏"局面。

二是在"小猪家"里的现场聊天。这个聊天过程更能显示出教师指导游戏的智慧。小班幼儿往往对过生日吃蛋糕的经历印象深刻，他们能根据自己的兴趣选择游戏。因此，教师很好地抓住了幼儿的兴趣点，围绕过生日的"宝宝"的年龄、蜡烛的数量和形状、点蜡烛需要的打火机及其形状，以及谁吹蜡烛、怎样切蛋糕等方面的内容提出问题，与幼儿聊天，充分调动了幼儿关于过生日的已有经验，让幼儿愿意在熟悉的人面前说话，并表达自己的需要和想法；引导幼儿根据"宝宝"的年龄拿取相应数量的"蜡烛"，发展幼儿的数学思维及运用能力；帮助幼儿在游戏中感知和发现周围物体的形状；让幼儿体验和发现生活中很多地方都要用到数学。最后，教师还以问题"为什么先给我吃？"表扬幼儿有礼貌地招待客人。在这个游戏指导片段中，教师不仅主动亲近和关心幼儿，和幼儿一起游戏，让幼儿感受社会交往的快乐，而且珍视游戏的独特价值，让幼儿通过直接感知、亲身体验和实际操作获取经验，随机渗透数学、语言、社会等领域的教育内容，很好地体现了《幼儿园教育指导纲要（试行）》中"善于发现幼儿感兴趣的事物、游戏和偶发事件中所隐含的教育价值，把握时机，积极引导""寓教育于生活、游戏之中"的精神。

标志的更新

小班　建构区

桌面建构游戏中，教师观察到幼儿常常花很多时间在积木筐内来回翻找自己想要的积木，影响了搭建进度。可幼儿并没有意识到此问题，于是教师以同伴的身份加入游戏，开启了下面的聊天。

游戏片段一：把标志贴在筐外面

老师："我想要长方形积木，可找不到呀！"

幼儿："你再找一找呗。"

老师边找边说："唉！为什么找得这么费劲呢？"   以问题引导幼儿思考原因。

幼儿："因为太乱了呀。"

老师："是的。那有什么办法让它们（积木）不乱呢？"   以方向性问题引导幼儿思考整理方法。

幼儿："我知道，像建构区一样贴上标志。"
老师："贴什么标志呢？"
幼儿："贴上三角形、长方形啊，按照标志放就不乱了。"
老师："这个办法好，你们可以试一试。" 肯定幼儿的想法，鼓励幼儿动手尝试。
于是幼儿将标签贴在了筐子的外面。

图1 幼儿按自己的想法把形状标志贴在筐外面

引导幼儿给积木筐贴上标志后，教师对该区域游戏持续进行观察，发现幼儿在收拾积木时还像之前一样随意乱放，并没有按照标志来给积木分类。教师想了解幼儿行为背后的想法，于是与幼儿进行了新的交流。

游戏片段二：把标志贴在筐里侧

老师："有了标志，为什么收的时候积木还是乱的？" 了解有了标志，幼儿还是将积木放得很乱的原因。

幼儿："嗯，我们没有看见。"
老师："是看不见标志吗？"
幼儿："是的。"
幼儿："我们是这样站着收积木的，看不见筐子外面的标志。"
老师："那标志贴在哪里，收（积木）的时候才能看见？" 引导幼儿重点解决"看不见标志"的问题。

幼儿："贴在里面。"
幼儿将积木全部倒出来，揭下标志后将其重新贴在筐里侧，并将积木按照标志分了类。

图2　幼儿将标志调整到筐里侧,给积木重新分类

调整标志的位置后,教师为了验证结果再次进行观察,发现还是有些积木被乱摆放。教师聚焦此问题,与幼儿再次讨论。

游戏片段三：把标志贴得高高的

老师："你们看一看,哪些形状的积木又摆错了？"

幼儿："长方形、正方形混在一起了。"

幼儿："还有三角形、正方形也在一起。"

老师："不是有标志了吗？为什么还会混杂在一起呀？" 〔引导幼儿通过观察找到答案。〕

幼儿："因为长方形、正方形有好多,旁边（半圆形）筐子里的积木好少。"

幼儿："积木太多,标志（被埋在里面）都看不见了。"

老师："那积木数量少的,标志能看见吗？"

幼儿："能。"

老师："那长方形积木要怎么调整？它数量多,需要的空间——" 〔提出"空间大小"概念,让幼儿意识到数量多的积木需要的空间更大,并思考如何调整。〕

幼儿："空间要很大,把长方形（积木）单独放在一个筐里。"

老师："那标志贴在里面,被挡住了,怎么办？"

幼儿："把标志贴得高高的,这样就能看见了。"

幼儿和教师再次为积木"搬家",将数量较多的长方形、正方形积木各放在一个筐里,将半圆形、三角形等数量较少的积木放在同一个筐内并各占 1/2 空间,最后把标志竖起来贴,高高地贴在筐边沿。

图 3　幼儿将数量多的正方形积木单独放一个筐里　　图 4　幼儿把标志高高地贴在筐边沿

分析

该案例中,教师每一次都聚焦观察到的问题开启聊天,巧问问题,了解幼儿行为背后的原因,并激发幼儿思考解决问题的办法,一步步完成积木标志贴法的调整。

教师在观察到影响游戏发展的因素后,以同伴的角色提出问题,引发幼儿的关注。《3—6岁儿童学习与发展指南》中指出,小班幼儿"能将玩具放回原处",教师则需要为幼儿提供存放玩具的纸箱等物品,以便培养幼儿的生活自理能力。因此,教师聚焦"那有什么办法让它们(积木)不乱呢?"这个问题,引导幼儿展开讨论,唤醒幼儿在建构区材料柜上粘贴积木形状标志以便整理的经验,从而使幼儿将已有经验迁移运用于此,以初步解决问题。

在持续观察中,教师发现问题没有得到彻底解决,于是基于幼儿的经验,抓住关键点制造认知冲突,推动幼儿思考,继续探寻解决问题的办法。例如:教师问"有了标志,为什么收的时候积木还是乱的?"鼓励幼儿通过反思寻找新的答案,发现问题是因为看不到标志而导致的;"为什么还会混杂在一起呀?"这个问题则引导幼儿关注不同形状积木的数量差别大的问题,教师针对小班幼儿的能力,在交流时给予暗示性的话语"它数量多,需要的空间——"

让幼儿意识到积木数量多少与所需空间大小的关系，并基于此寻找解决问题的方法；以"那标志贴在里面，被挡住了，怎么办？"这个问题引发幼儿关注标志位置与收纳者视角之间的关系，发现标志需要贴得高些才能被看见，这其实也能引发教师进一步反思环境创设过程中关注儿童视角的重要性。

取药　　　　　　　　　　　　　　　　中班　角色区

"医院"游戏已开展了将近一个月，深受幼儿的喜爱。今天的小医院里仍然很忙碌，挂号区、问诊区、取药区的三位医护人员正在接待病人。教师观察到取药处的医生正在为不同的病人制作、发放药包，制作好的药包里有的放着黏土药丸和毛球药丸，有的放着黏土药丸和纸球药丸……总之每个药包里的药丸都种类丰富。针对幼儿的这一游戏行为，教师产生了好奇，于是扮演病人，加入游戏。

游戏片段

病人："你好，医生，我要取一包咳嗽药。"

医生："马上给你做药，稍等一下。"

> 扮演角色并通过取"药""需求"了解幼儿做"药"的过程。

医生先将超轻黏土搓圆，然后将其放进药包，随后又将几颗毛球放进药包。

医生："这是给你的咳嗽药。"

病人："医生，我还有点感冒，能再帮我取一份感冒药吗？"

> 提出取不同"药品"的"需求"，了解幼儿如何制作功效不同的"药品"。

医生："可以。"

医生先将几颗毛球放进药包，随后又拿来一张纸，将它撕成碎片再揉成小球，放进药包。

图1 幼儿用超轻黏土、毛球制作"咳嗽药"　　图2 幼儿用毛球、纸片制作"感冒药"

病人:"医生,为什么咳嗽药和感冒药里面都有毛球啊?"

医生:"因为毛球这种药它可以治疗咳嗽,还可以治疗感冒。"

> 了解幼儿做"药"的想法。

病人:"哦,原来毛球也是药呀。那感冒药里面的纸片是干什么的呢?"

医生:"纸片是治感冒的药呀!"

病人:"那咳嗽药里面除了毛球,怎么还有黏土呢?"

医生:"都是(治)咳嗽的药。"

病人:"可是一个药包里有两种药,我怎么知道一次吃多少呢?我吃的药,一个瓶子里的都一样呀!"

> 设置情境冲突,挑战幼儿的思维。

医生想了一会儿,把"咳嗽药"包里的毛球取了出来,放在了"感冒药"包里,又将"感冒药"包里的纸球取了出来。

医生:"这样换一下就好了,这是咳嗽药,里面都是用超轻黏土做的药;这是感冒药,里面都是用毛球做的药。"

病人:"两种药装进袋子后,怎么知道哪个药是感冒药,哪个药是咳嗽药呢?"

> 设置新的问题情境,启发幼儿对不同种类的"药丸"做标记。

医生:"那我给你在上面画个标记,戴口罩的(标记)是感冒(药),咳嗽的(标记)是咳嗽(药)。"

图3 幼儿在"药包"上绘制不同的标记

病人:"好的,这样我就能分清了,谢谢医生。那要是我发热、肚子疼吃什么药丸呢?"

> 转换问题视角,提出新的挑战。

医生:"(治)发热的药可以用纸来做,(治)肚子疼的药我去百宝箱看一下。"

医生去美工区把"百宝箱"搬了过来。

医生:"这里有很多材料,我们用叶子做(治)肚子疼的药。"

病人:"这么多药,万一做错了可怎么办啊?"

> 启发幼儿以绘画的方式将多种"药材"分类,以便于制作"药品"。

医生:"我可以帮大家画好,每种药用哪些材料,都画好图,这样大家就能分清啦!"

医生开始绘制不同病症的症状标记及对应的材料(药丸)标记:他画了一个感冒的标记,再画出毛球,代表毛球是制作"感冒药"的材料;他画了一个咳嗽的标记,再画一块黏土,代表黏土是制作"咳嗽药"的材料……游戏分享时间,幼儿向大家介绍了这些药品及其制作材料。

分析

该案例中,教师观察到幼儿"医院"游戏中出现"同一药包中药丸种类多样"的现象,扮演角色

图4 幼儿为病症与药材绘制的标记

介入游戏，围绕"药品"的制作材料和"药品"的区分与幼儿进行聊天，了解幼儿的相关经验。随后基于每种"药包"里有两种"药丸"的问题设置情境，挑战幼儿的思维，推动原有的游戏行为拓展为基于病症制作"药品"、用不同材料区分"药品"、以绘画的方式给"药品"和病症做对应标记等新的行为。

教师主要从两个方面帮助幼儿梳理和拓展关于"药品"制作的经验。首先通过取"药""需求"观察、了解幼儿的做"药"过程，了解他当前的游戏经验。随后以"可是一个药包里有两种药，我……都一样呀！"这个问题挑战幼儿的思维，帮助幼儿生成了以某一材料区分"药品"的新经验。其次，教师跳出当前的取"药""需求"，以病症表现启发幼儿思考"对症下药"，选取可用的材料，从而将幼儿经验的实施对象拓展到整个材料"百宝箱"中。

同时，教师结合《3—6岁儿童学习与发展指南》中提到的中班幼儿"愿意用图画和符号表达自己的愿望和想法"的要求，以"两种药装进袋子后，怎么知道哪个药是感冒药，哪个药是咳嗽药呢？""这么多药，万一做错了可怎么办啊？"的疑问，启发幼儿绘制标记，对材料（药品）进行区分，以便大家都遵照规则拿取"药材"，从而帮助幼儿获得关于合理"取药、做药"的新经验。教师这两个简单的提问帮助幼儿明确了想法，理清了头绪。可见，游戏中，教师适当有效的提问与回应，能促使幼儿达到与材料互动的新水平，赋予材料某种意义或创造性地发掘材料的新用途，从而支持幼儿向更高水平发展。

超市购物

中班　角色区

在"小超市"游戏刚开张一周的时间里，孩子们不断丰富超市里的货品并确定货品的价格，也通过协商分配好了角色，并履行超市工作人员的职责。教师扮演顾客去超市购物，通过和幼儿聊天了解幼儿的已有经验及解决问题的能力。

游戏片段

销售员："你想买什么？"

顾客:"超市里有哪些东西?" _{了解幼儿是否清楚"超市"中有哪些货品。}

销售员一边指着货架上的标志一边向顾客介绍:"有零食、饮料、生鲜、玩具,还有很多用的东西。"

顾客:"我想买一条鱼,到哪里买?" _{了解幼儿是否具备超市购物的生活经验。}

销售员:"你跟我来,到生鲜区。"

顾客:"怎么买呀?" _{进一步了解幼儿能否迁移生活经验进行游戏。}

销售员:"你先选一条鱼,再放到秤上称一称,看看要多少钱。"

顾客夹起一条鱼,问:"那我用什么来装鱼呢?鱼能不能和别的东西放在一起呀?" _{用方向性问题引导幼儿关注细节,并思考用什么材料装生鲜。}

销售员想了想说:"你等我一下,我去找个盒子。"

说完销售员立即到美工区拿来了一个塑料盒给顾客。顾客在销售员的指引下来到生鲜区挑选了一条鱼,销售员帮忙称重后,在标签上写下数字"2"并把它贴在盒子上,然后将装着鱼的盒子交给了顾客。

图1 幼儿称重中　　图2 幼儿贴好价格标签

顾客:"这个2是什么意思?"

销售员:"价格呀!这条鱼要两元钱。"

顾客:"为什么要两元呢?" _{了解幼儿是如何确定价格的。}

销售员:"这条鱼和2个小熊砝码一样重,所以要两元。"

顾客随后又拿了一盒牙膏、一瓶饮料,来到收银台付钱。

收银员数了一下,说:"一共3元。"

顾客:"确定只要3元?光这条鱼就要2元了,我还买了一盒牙膏、一瓶饮料,但是忘记多少钱了。"

> 以方向性问题启发幼儿关注货品的标价。

收银员:"我看一下。"

收银员看了看货架上的价格标签,告诉顾客:"牙膏1元,饮料3元。"

顾客:"那我要付多少钱?"

收银员掰着手指算了半天,然后对顾客说:"我算不出来。"

顾客:"那怎么办呢?"

> 了解幼儿面对挑战性任务时的解决办法。

收银员:"能不能一样一样付?"

顾客:"这是一个好办法,但是一件一件付太慢了,我还急着去别的地方,有没有别的办法?"

> 肯定幼儿的想法,同时提出新的挑战。

收银员想了一下,回答道:"我没想到别的办法。"

顾客:"我有个办法,你看看可不可以。把物品的价格都画下来,再数一数,一共要多少钱?"

> 引导幼儿迁移数学知识,将抽象的数字转化为具象的图画或符号,再进行计数,解决问题。

收银员听完,立即拿来一张纸,在纸上依次画了1个圈、2个圈和3个圈。她数了数,告诉顾客要付6元钱。

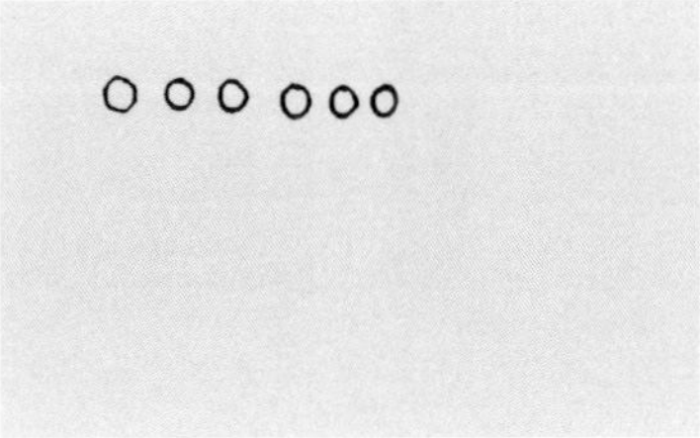

○ ○ ○ ○ ○ ○

图3 幼儿画下的物品价格

分析

该案例中,教师通过提问了解幼儿的原有经验,试探幼儿能否将已有经验迁移到游戏中来。在积极的师幼互动中,教师将成人的购物经验转化为问题,引导幼儿关注细节,增加新材料来完善游戏情节,明确"按标价收款"的游戏规则。当幼儿遇到问题且感觉自己无法解决的时候,教师通过提示帮助幼儿将已掌握的数学知识运用到游戏中。

在了解幼儿的原有经验以及幼儿能否将原有经验运用到游戏中时，教师以游戏角色的身份介入游戏，通过询问幼儿"超市里有哪些东西？""我想买一条鱼，到哪里买？""怎么买呀？"进行观察和了解。

在启发幼儿提取经验时，教师又通过方向性问题帮助幼儿回顾生活经验，比如："那我用什么来装鱼呢？鱼能不能和别的东西放在一起呀？""确定只要3元？光这条鱼就要2元了，我还买了一盒牙膏、一瓶饮料，但是忘记多少钱了。"在教师言语的提示与引导下，幼儿意识到生鲜类商品需要单独装了再称重，要根据货品的标价收款等事项。在幼儿计算总价时，教师基于幼儿的"最近发展区"，又向幼儿提出了具有开放性与挑战性的问题，如："那怎么办呢？""有没有别的办法？"激发幼儿调动已有经验进行更深入的思考。为了能让幼儿在实际情境和操作中理解数量关系，教师鼓励幼儿尝试用符号代替数字，然后对符号进行计数并得出总数，帮助幼儿延伸、整合自身的经验。

买花啦 　　　　　　　　　　　　中班　角色区

"春天的花店"是中班"你好，春天"主题背景下生发的角色游戏，幼儿在游戏中利用各种材料布置花店，也自制花朵进行售卖。在某天的游戏中，教师发现花店的工作人员一直在店里做花，但没有顾客去买花。于是，教师扮演顾客走进花店，与工作人员互动，了解幼儿已有的经验和游戏水平。

游戏片段

顾客："我想买一些颜色鲜艳的花。"　　*了解幼儿对花的颜色这一特征的认识。*

工作人员边找花边说："我们有好多呢。"

顾客："我要那种大的，很大的啊。"　　*叠加对事物的特征要求，继续了解幼儿对花的外部特征的认识。*

工作人员指向其中一种花，询问道："这个行吗？"

顾客："好，给我包起来。"　　*了解幼儿包花的经验。*

工作人员:"要几朵啊?"

顾客:"5朵。" 　了解中班幼儿的数概念。

工作人员拿起桌上的纸筒（另一名工作人员已将包装纸卷成圆筒，并用胶带固定了一端，另一端未粘贴），将花插入纸筒中。因为纸筒过宽，她试了几次都未能将花束固定好。

顾客:"为什么包不起来呢?" 　引发幼儿思考花包不起来的原因。

工作人员不理会顾客，继续包花。过了一会儿，她将包好的花递给顾客，她捏着包装纸的上部，告诉顾客这样花束就不会掉。

图1　幼儿叮嘱教师拿花束的方法

顾客接过花，故意把花弄到了地上，然后说:"哦哟，怎么就掉了呢?" 　设置情境，引导幼儿思考花束掉落的原因，以解决问题。

工作人员:"捏着上面。"

顾客:"捏着上面?为什么会掉了呢?你想个什么办法给我包得牢固一点呢。" 　引导幼儿思考如何将花束包得牢固。

工作人员:"只要这一朵呗。"

顾客:"哦，那我要最鲜艳的那一朵。哪朵最鲜艳?" 　顺应幼儿自我调适、降低包装难度的需求，再次以带有一定要求的问题了解幼儿对花朵颜色的认识。

工作人员:"这个粉红色的。"

顾客:"哦，粉红色的啊，帮我包起来吧。"

工作人员拿来之前用的包装纸再次进行包装。

图2　幼儿用之前的
包装纸再次包装一朵花

顾客递上了幼儿自己之前画的一张小包装纸:"是不是用这个包装纸包起来好看点呢?试一下呢?"

见工作人员依然用原来的包装纸包花,顾客继续说:"你那个(包装纸)太大了,我一拿就散了。"

顾客从工作人员手中接过花束,用小包装纸裹紧花束,将其卷起来,并说:"这样包一下呢?"

> 示范操作,启发幼儿关注花朵的数量、包装纸的大小以及客人的喜好。

图3　教师(顾客)
示范包花方法

工作人员接过花束,继续用新包装纸将花束裹起来,然后把花递给顾客。

顾客："可是这样还是容易散开啊。能帮我再扎好一点吗？" | 引导幼儿对花束进行固定。

工作人员拿回花束，尝试折叠包装纸，以固定花束，但此方法并不能很好地固定花束。

顾客："我看其他的花，都是把包装纸贴起来的。" | 启发幼儿观察其他花束以获得关于包装的新经验。

工作人员继续折叠包装纸，不理会顾客的提议。

顾客："你能帮我贴一下吗？" | 见幼儿未采纳提议，直接提出指示性要求，引导其用粘贴的方法进行固定。

工作人员发现自己需要用双手握住花束才能做粘贴动作，便喊来另一名工作人员帮忙按住包装纸，自己则去剪胶带，最后将包装纸粘好。

图 4　幼儿包好的花束

分析

该案例中，教师观察到在花店里扮演工作人员的幼儿重复做花，于是便以顾客的身份参与游戏，以顾客的角色语言与幼儿进行聊天互动，激发幼儿调动关于售卖、包装商品等已有的经验，帮助幼儿丰富游戏情节，推动游戏发展。教师以层层递进的方式，围绕买花、包扎花束的过程不断向幼儿提问，观察、判断幼儿对花的颜色、包装纸的大小、花束数量的认知，以及人际互动等方面的经验，串联幼儿零碎的游戏经验，激发幼儿持续游戏的兴趣和动力。

首先，教师以开放性问题了解幼儿对花的颜色这一外部特征的认识。

其次，教师通过提要求，了解幼儿关于包花的经验。通过观察幼儿包花的行为，教师发现花无法固定，幼儿包了几次也没成功，便提出疑问："为什么包不起来呢？"引发幼儿思考花包不起来的原因，寻找解决问题的方法。教师发现幼儿没有接话，并没有急切地要求幼儿先寻找原因，而是耐心等待，继续观察幼儿的行为：幼儿究竟会用什么方法来把花束包起来呢？在发现幼儿包花的办法没有从根本上解决问题后，教师设置让花束掉落的问题情境，试图继续引导幼儿思考花束掉落的原因并寻求解决办法。

再次，教师调整聊天内容的关注点，进一步了解幼儿对包花的经验。此前教师已两次提醒幼儿关注花包不起来的问题，幼儿均未反思，于是教师便调整问题的问法，以"你想个什么办法给我包得牢固一点呢"这个问题引导幼儿从"包得牢固"的要求出发，重新对花束进行包装，而不执着于要求幼儿从原因出发寻求解决办法。教师的要求可能超出了幼儿的经验范围，于是幼儿对教师的要求进行了自我调适，建议教师减少花朵数量，降低包装难度。教师则顺应幼儿的需求，同意"包一朵花"，继续了解幼儿的经验。

最后，教师引导幼儿关注包装纸的大小、客人的喜好、花朵的数量、固定方式等。在用纸方面，幼儿坚持使用先前的包装纸进行包装，教师先后以"是不是用这个包装纸包起来好看点呢？""你那个（包装纸）太大了，我一拿就散了"等内容启发幼儿并亲自示范操作，引导幼儿思考选用包装纸时要关注花朵的数量、包装纸的大小以及客人的喜好。在包花时，教师又以"能帮我再扎好一点吗？"提醒幼儿将花束固定后再给顾客。教师观察到幼儿用折叠包装纸的方法不能很好地固定花朵，便启发幼儿观察其他花束的固定方法，以此获得对于包装的新经验。见幼儿未采纳提议，教师便改变指导策略，直接通过指示性要求引导幼儿用粘贴胶带的方法进行固定。

此案例中，教师始终顺应幼儿的经验，根据幼儿当下的游戏水平灵活调整聊天内容和提问策略。当意识到任务难度超出幼儿的"最近发展区"时，教师及时降低难度要求，重新设置新的任务情境，让幼儿"够得着"。

康乃馨花篮

中班　角色区

春季学期，幼儿对"花店"游戏产生了很强烈的兴趣，于是班级新设了花店，从选址到取名，从布置到买卖，幼儿亲力亲为。幼儿扮演老板，先对花店进行布置，再将所有的花束陈列在货架上，迎接顾客的到来，顾客购买时，老板按照价格单上的标价收钱。转眼间，花店游戏已经玩了两个月了，最近几天，教师观察到扮演老板的幼儿在店铺里无所事事，甚至和游戏材料无互动，于是教师扮演顾客走进游戏区，与幼儿展开聊天，了解幼儿当前的经验，以期在幼儿现有经验的基础上推动游戏进一步发展。

游戏片段

老板："欢迎光临！你想要买什么花？"

顾客："我想要买一束花送给我的朋友，你有什么推荐吗？" _{创设问题情境，了解幼儿关于不同品种的花的经验。}

老板看了看花架，挑了一束康乃馨，随后问道："这款康乃馨怎么样？"

顾客："为什么推荐它呢？" _{了解幼儿关于康乃馨的经验。}

老板："因为康乃馨很漂亮，而且它有'健康'的寓意。"

顾客："确实很漂亮，还有其他的推荐吗？" _{继续了解幼儿关于其他品种的花的经验。}

老板："我这里有很多品种的花，有一簇簇的小雏菊，有像星星一样的满天星，还有颜色鲜艳的玫瑰……"

顾客："我想选康乃馨，你能给它们做个花篮吗？" _{设置任务，挑战幼儿的能力，了解幼儿是否具备做花篮的经验，鼓励幼儿根据"顾客"的需求为"顾客"服务。}

老板："我没有做过花篮，它是什么样子的呢？"

顾客掏出手机展示了几张花篮的成品图。

老板："你想要什么颜色的康乃馨？"

顾客："五颜六色的，肯定很好看！" _{了解幼儿有关颜色的经验。}

老板："可以，我店里没有现成的五彩康乃馨，没关系，我们可以现场制作哦!"

图 1　幼儿用白色纸巾折花

老板:"你喜欢什么颜色?"

顾客:"红、黄、蓝、绿、紫。"　调动幼儿有关颜色的经验。

老板依次拿出各种颜色的水彩笔,在花上点出颜色。

老板:"接下来你选一个花篮吧,你想要什么形状的?"

顾客:"方形的。"

老板将做好的花放在藤编篮里,可是花却一朵朵地倒下来。

顾客:"花在篮子里立不住,怎么办呢?"　启发幼儿思考,以解决问题。

老板看了一眼陈列架上插在花泥上的花,从材料柜里拿出一块花泥。

老板:"我用花泥固定一下。"

老板把花朵从篮里拿出来,拿起一块略大的花泥,用塑料刀切除多余部分后,将其塞进花篮里,再把花插在花泥上。

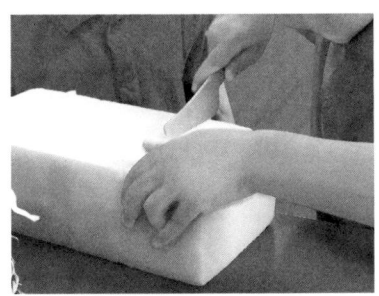

图 2　幼儿根据花篮的尺寸切花泥

顾客:"我想要把花篮送给好朋友,可以帮忙装饰一下吗?"

> 再次提出新的任务,引导幼儿调动已有经验对花篮进行装饰,丰富游戏情节。

老板:"那我用包装纸装饰一下吧。"

老板再次查看花篮图,拿出一张绿色包花纸,先将其揉成一团,再微微打开,塞在花泥的四周。随后在花泥上又高高低低地插了一些装饰性的花。花篮做好啦。

图3 幼儿用包花纸装饰花篮

图4 幼儿用其他花装饰花篮

图5 花篮完成了

分析

该案例中,教师通过观察,发现幼儿对"卖花"这项工作似乎已经失去了兴趣,花店"老板"在店铺里无所事事,与游戏材料毫无互动。显然,"花店"游戏进入了"瓶颈期",单纯的卖花行为已无法满足幼儿的游戏需要,幼儿的游戏活动处于停滞状态。这时候便是教师与幼儿展开聊天的最佳时机。

中班幼儿的思维和语言能力有了较大的发展,他们更加愿意与成人、同伴交流。教师以游戏者的身份介入游戏,不仅可以深入游戏情境,了解幼儿的经验，还可以激发幼儿参与游戏的意愿，推动幼儿在现有经验水平上进一步发展。因此，在该案例中，教师以顾客的身份参与到幼儿的游戏中，通过与幼儿扮演的花店老板聊天来推动游戏发展。

首先，教师进入花店，以"买一束花送给朋友"的情境，给幼儿提出挑战性任务——给"顾客"推荐合适的花束，并顺势询问幼儿推荐理由，暗示幼儿不仅要知道花名是什么，还要知道不同的花的寓意，这样才能根据"顾客"的需求推荐合适的花。而教师也从幼儿的回答和行为中了解到幼儿现阶段的游戏经验，为后面帮助幼儿拓展新经验奠定基础。相较于直接告诉"老板"要买什么花，让"老板"给"顾客"推荐合适的花是更高层次的要求。

紧接着，教师提出想要花篮的要求，给幼儿设置新的"障碍"。教师询问幼儿："你能给它们做个花篮吗？"一方面是为了了解幼儿做花篮的经验，另一方面也为幼儿拓展游戏内容提供思路。不同于之前简单的买卖花束，今天的游戏中幼儿需要对花束进行更高级的处理——制作一个花篮，把花朵呈现出来。当得知幼儿做花篮的经验较少之后，教师向幼儿展示了花篮的图片，给予幼儿经验上的支持。在幼儿制作花篮的过程中，教师通过聊天不断启发幼儿调动已有的经验，比如对花朵颜色、花篮形状的认知等。

基于幼儿的能力，教师又提问："花在篮子里立不住，怎么办呢？"提醒幼儿注意花朵未固定的问题，帮助幼儿调动已有经验，想出用花泥固定花朵的方法。《3—6岁儿童学习与发展指南》和《幼儿园教育指导纲要（试行）》等文件中均指出，教师要丰富幼儿的感性经验和审美情趣，激发他们表现美、创造美的兴趣。因此，最后教师通过"可以帮忙装饰一下吗？"的方向性需求引导幼儿运用多种材料对花篮进行艺术性装饰，激发幼儿表现美的动力，丰富幼儿的审美经验，提高其审美与艺术欣赏能力。

回顾整个案例可以发现，教师在跟随幼儿兴趣的前提下，基于幼儿的"最近发展区"，以顾客的角色与幼儿聊天，层层递进地向幼儿提出推荐花束、制作花篮、固定花束、装饰花篮等具有方向性和挑战性的要求。幼儿在轻松愉快的互动氛围中丰富了制作花篮的游戏经验，并在花篮的制作与装饰过程中体验到艺术创作的乐趣，提高了审美与艺术欣赏能力。

外卖订单的变化

中班　角色区

最近,"甜品店"游戏中生成了送外卖的情节。店员会在外卖订单上记录顾客要的甜品以及顾客的学号,以供外卖员送外卖。每当游戏时,教师总能看见外卖员忙碌奔跑的身影,听到外卖员大声的呼喊。为了了解外卖员工作的流程和大声呼喊的原因,教师作为顾客参与到孩子们的游戏中。

游戏片段一:你知道"我"的地址吗

顾客:"我有些饿了,想点个外卖,应该在哪里点呢?"

外卖员:"你去甜品店里,甜品制作好后我会送给你的。"

顾客(来到甜品店):"我想要点一个三层草莓蛋糕,等会儿可以帮我送外卖吗?"

甜品店店员:"好的,等一会儿送给你哦。"

因顾客没有学号,店员边说边在纸上画了蛋糕和顾客的头像。

图1　幼儿画的外卖订单

顾客:"万一找不到我怎么办?"　　暗示幼儿需要明确地址才能进行配送。

甜品店店员:"不会的,外卖员会喊你的。"

顾客:"好的,等一会儿看看吧。"

过了一会儿,外卖员在班级里大声呼喊,四处寻找顾客。

顾客:"哎呀,你喊得好辛苦哦。你在家收外卖时也会听到外卖员到处喊你名字吗?"　　引发幼儿迁移生活经验,反思自身的游戏行为。

外卖员:"不会,他们会直接送到家门口。"

顾客:"那你知道我的地址吗?"　　聚焦当前"外卖订单"的问题。

外卖员:"不知道,他们只画了蛋糕和你。那他们也可以在外卖订单上加上地址。"

顾客:"那你给我送到美工区吧,看看怎么加地址呢?"　　引导幼儿思考如何标记地址。

甜品店店员:"我在单子上再画上画笔就行了,代表你在美工区。"

图2　幼儿在"外卖订单"上添画了一支水彩笔,代表美工区

游戏片段二:怎么让大家都能看懂外卖订单呢

外卖订单上有了地址信息,外卖员的送餐效率更高了。但今天又出现了外卖员找不到顾客的问题。

外卖员:"我在娃娃家怎么都找不到诺诺(23号),她到底在哪里啊?"

老师:"她会不会在别的地方呢?"

外卖员:"不会的,她的订单上画的是娃娃家,你看啊。"

外卖员将外卖订单递给教师看,上面画着蛋糕和数字2、3,还有一个娃娃。

图3　诺诺的"外卖订单"

老师:"去问问甜品店的店员吧,这不是店员画的嘛。"

> 引导幼儿与"外卖订单"的绘制人员进行沟通,鼓励幼儿发现问题,同时促进幼儿间的交往。

外卖员(问甜品店店员):"为什么我找不到娃娃家的诺诺啊?她在哪里啊?"

甜品店店员:"诺诺?她好像没有点外卖啊。"

外卖员指着外卖订单上的标记说:"可是,这个上面写着23啊。"

甜品店店员:"这个不是23啊,这是3号。"

外卖员:"那这个2是什么啊?"

甜品店店员:"这是2个蛋糕的意思啊。阳阳(3号)点了2个蛋糕啊。"

外卖员:"那是你没画清楚,真是的。"

于是,针对外卖订单上的信息该如何呈现的问题,教师与幼儿在游戏分享环节进行了讨论。

老师:"今天外卖员怎么会没找到顾客呢?"

外卖员:"因为店员画的外卖订单我看错了。她画的是3号订了2个蛋糕,我看成了23号。"

老师:"那怎么制作让大家都看得懂的外卖订单呢?"

> 引导幼儿从关注"外卖订单"上的内容到关注如何能清晰地呈现内容。

悦悦:"(两个数字)可以分得开一点,不能这样混在一起写。"

昂昂:"可以在中间画一条分隔线,把它们分隔开。"

老师:"那怎么把要买的东西、地址和顾客用线分开呢?"

> 引导幼儿结合"外卖订单"上的具体内容,进一步阐释、澄清想法。

子正:"可以画成表格,然后把东西(信息)写在表格里。"

老师:"表格里填什么呢?"

> 通过方向性问题引导幼儿思考表格式"外卖订单"的内容和呈现方式。

悦悦:"用标记呢?"

昂昂:"可以啊,用小人表示小客人。"

老师:"那地址和要买的东西用什么表示呢?"

昂昂:"地址可以用小房子,要买的东西可以画个小问号。"

讨论后,幼儿重新绘制了甜品店的外卖订单。

图 4 幼儿重新绘制的"外卖订单"

分析

该案例中,教师发现幼儿在"甜品店"游戏中出现"外卖员"大声呼喊的问题,遂以游戏角色的身份介入游戏,并通过聊天唤醒幼儿的生活与经验,完善游戏的细节。

这里主要涉及"外卖送货的地址""让外卖订单能被读懂"两个关键点。首先,教师以问题"你在家收外卖时也会听到外卖员到处喊你名字吗?"引导幼儿迁移日常生活中收外卖的生活经验,启发幼儿思考"外卖订单"上缺少的关键信息——送货地址,让幼儿亲身体会"没有地址"给"送外卖"造成的不便,体验生活经验与游戏细节之间的冲突,帮助幼儿改进"外卖订单"。其次,教师基于幼儿游戏中出现了"外卖订单"上信息记录混乱的问题,利用游戏分享环节与全体幼儿共同讨论,通过"那怎么制作让大家都看得懂的外卖订单呢?"的提问,激发幼儿重新设计"外卖订单"的兴趣。通过"那怎么把要买的东西、地址和顾客用线分开呢?""表格里填什么呢?"等方向性问题,引导幼儿思考"外卖订单"更好的呈现方式,让他们明白"外卖订单"要能让大家都看得懂才能避免麻烦。在一个又一个的提问中,教师激发幼儿碰撞思维火花、迁移彼此的生活经验,促进幼儿更新"外卖订单"的标示方式,提升幼儿归纳和记录信息的能力。

本案例中,教师基于幼儿的游戏经验和能力,通过捕捉"送不到""看不懂"等幼儿游戏中的问题，抓住幼儿经验中的缺失部分，"穿针引线"地引导幼儿产生经验与认知的冲突与碰撞，习得新经验，将科学、艺术、社会等领域的经验有机整合起来，丰富了游戏情节，提升了学习能力与问题解决能力。

怎么让头发卷起来　　中班　角色区

"理发店"游戏进行一周后，教师观察到幼儿每天都重复着"洗头—剪头—结账"的游戏情节，于是教师以顾客的角色进入游戏区，尝试通过聊天来丰富幼儿的经验，推动游戏情节的发展。

游戏片段

顾客："我想像这样（教师用手指卷起一绺头发）把我的头发卷起来，可以吗？" ｜ 借助动作演示降低任务的难度，激发幼儿的游戏兴趣。

1号员工："用手卷就可以了。"

顾客："那你来试一试。"

1号员工用手绕头发："你看，卷起来了。"

顾客："真的哎，头发卷起来了。可是你的手要一直放在我头上吗？" ｜ 引导幼儿发现问题，思考如何卷发。

1号员工："不行，那我就哪儿也去不了了。"

顾客："那可以用什么材料帮我卷发呢？"

2号员工："可以用笔把头发往里卷。" ｜ 以方向性问题启发幼儿思考、选择适宜的卷发材料。

3号员工："还可以用胶棒。"

顾客："行，那你们都来试一试。" ｜ 鼓励幼儿尝试自己的想法，在亲身实践中感受材料是否适宜。

员工们把顾客的头发一圈一圈绕在笔、胶棒上，但手一松，头发又变直了。

员工们："这都不行。"

顾客（出示图画书）："我这里有一本《我是小小理发师》的图画书，它里面讲了发型师是怎么给顾客 ｜ 鼓励幼儿阅读图画书，丰富幼儿关于卷发、卷发工具的经验。

卷发的，我们一起看看。"

员工们自主阅读图画书。

顾客："接下来你准备怎么帮我卷发呢？"

1号员工："我可以用卷纸筒帮你把头发卷起来。"

> 启发幼儿根据图画书中介绍的方法进行卷发。

顾客："好呀！那你来试试吧。"

1号员工刚把头发卷在卷纸筒上，手一松，卷纸筒就"啪嗒"一下掉下来了。

顾客："怎样将卷纸筒固定在头发上呢？"

1号员工："可能需要找一些材料。"

> 点明"固定卷纸筒"这一问题，启发幼儿思考解决办法。

理发店的员工们分别在教室各处寻找可以用来卷发的材料。1号员工先用小夹子夹住在卷纸筒上卷好的头发，但小夹子只能夹住一小撮头发，所以用小夹子不行。

图1 幼儿尝试用小夹子固定缠了头发的卷纸筒

2号员工找到了一根橡皮筋，她把头发卷在卷纸筒上，再绑上橡皮筋，皮筋可以固定住卷纸筒。

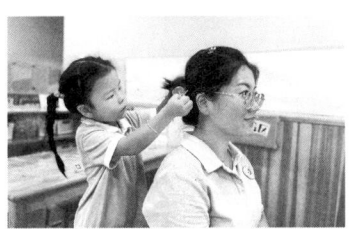

图2 幼儿尝试用皮筋固定缠了头发的卷纸筒

3号员工找到了两个大夹子,她把头发卷在卷纸筒上,并将大夹子分别夹在卷纸筒的两边。她发现这样也可以固定卷纸筒,于是,她继续用大夹子将缠了头发的卷纸筒固定住。

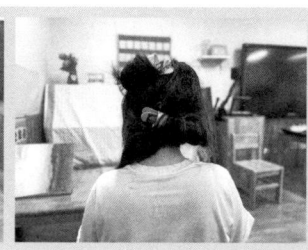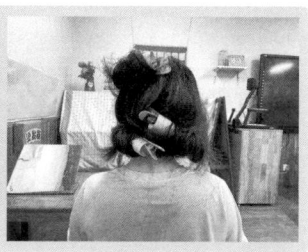

图3 幼儿用大夹子卷发

顾客:"为什么小夹子没法固定住头发呢?"
3号员工:"小夹子夹不住那么多头发。"

> 引导幼儿总结小夹子不适合用来固定卷纸筒的原因。

顾客:"什么时候把头发放下来呢?"
3号员工:"过十分钟,这样头发才能变卷。"
顾客:"十分钟是多久呢?"
3号员工:"等到游戏结束就差不多了。"
十分钟后,3号员工为顾客做好了发型。
顾客:"头发真的变卷了!你手艺真好,谢谢你!"
3号员工:"不用谢!"
顾客:"可是,这么好的烫发手艺,怎样让别人知道,然后过来烫发呢?"

> 以方向性问题引导幼儿思考如何将理发店的新游戏内容传达给其他幼儿。

1号员工:"我和妈妈去店里理发的时候,他们会给妈妈看一本书,上面有很多头发(发型)的图片。"
2号员工:"我们也可以把会做的头发(发型)做成一本书。"
3号员工:"还可以做一个(张)海报,这样顾客一进来就能看到我们会做哪些头发(发型)了。"
1、2号员工:"对,可以做海报。"
于是理发店的员工们开始画各种各样的发型,制作成发型海报。

图 4 幼儿设计的发型海报

分析

本案例中,教师在发现幼儿一直重复单一的游戏情节时,以客人的角色介入游戏,通过向幼儿提出需求制造问题情境,推动游戏情节进一步发展。教师想要"烫头发",但是通过交流,教师发现"发型师"不知道如何卷发。为了降低任务难度,教师"鹰架"幼儿的学习,先以方向性问题"那可以用什么材料帮我卷发呢?"引导幼儿关注材料的选用,并提供图画书,将材料的运用具象化,以此丰富幼儿的经验。随后以开放性问题"怎样将卷纸筒固定在头发上呢?"启发幼儿主动思考办法,鼓励幼儿在直接感知、亲身体验和实际操作中探索、比较材料的适宜性。最后,教师再次以方向性问题引导幼儿关注对新游戏内容的宣传,鼓励、支持幼儿制作发型海报,促进幼儿经验的生长。

在聊天过程中,除了不断提问、引导之外,教师也会适时给予幼儿赞扬和肯定,如夸幼儿"头发真的变卷了!你手艺真好,谢谢你!",充分调动幼儿参与游戏的主动性和积极性,让幼儿体验解决问题的满足感和成就感。

"古风"照片

中班 角色区

"照相馆"游戏中,一名幼儿在画相框,一名幼儿在制作拍照的饰品,还有一名幼儿正在卖力地宣传照相馆:"拍照啦!拍照啦!多种风格任选!有没有人想来拍照呀？"幼儿热情的招呼引起了教师的注意，于是，教师以顾客的身份走进了照相馆。

游戏片段

顾客："老板，我想拍照，怎么拍呢？"   以具体的游戏任务了解幼儿关于拍照的经验。

老板："要先选风格，然后交钱，我们会帮你安排好的！"

顾客："那拍一次要多少钱呢？"

老板："我们拍一张照片一块钱。"

顾客："好的。有哪些风格可以选呢？"   追问，继续了解幼儿关于拍照的经验。

老板："你先坐下来，我给你拿我们的相册选一选。我们有海滩风、童话风、同伴风、古风、森林风……你想拍哪种呢？"

图1　幼儿展示的照片风格

顾客："这个'海滩风'和'森林风'我都知道，是在海边和森林里拍，那这个'古风'是什么意思呢？"   了解幼儿对"古风"的理解。

老板："你有没有看过电视啊？'古风'就是像电视里演的古时候的人，穿古时候的衣服拍。我之前还穿过汉服呢，就像古时候的人一样。"

顾客："听起来不错,那我和我旁边这位客人一起拍。两个人一起拍要多少钱?" _{引导幼儿迁移数学经验。}

老板："拍一张就是一块钱,两张就是两块钱。"

顾客："怎么付钱呢?"

老板："你可以给我这种'小银行'的钱,也可以手机付钱,扫这里。"

老板："你付完钱,在这个单子上把想拍的风格勾出来,在这个空格里填你要拍几张,然后我带你去化妆、拍照。"

化妆师给顾客化完妆,顾客说:"装扮好了,现在可以拍照了吗?"

摄影师:"可以了,但是你要先选拍照的背景。你想要什么背景?"

顾客:"你有推荐的吗?"

摄影师:"要不你用这个桃花的吧。旁边还有一座小亭子,我觉得很好看。"

顾客:"好的,那就用这个吧,接下来我们怎么拍呢?"

摄影师:"你站在这个前面,我来给你们拍。你们想要全身照还是半身照?"

顾客:"给我们拍全身照吧。"

摄影师拍了一张,然后说:"不行,我拍不到你们的全身,我的相机太小了。"

顾客:"那怎么办?我们就想要全身的。" _{提出要求,引导幼儿根据已有的拍摄经验思考,以解决问题。}

老板:"你们蹲下来,蹲下来矮一点。"

顾客蹲下,摄影师开始尝试。

摄影师:"还是装不下。我把这个背景换个方向,我这边太挤了,我要往后退一点。"

老板:"那我帮你。"

给背景图换了方向后,摄影师再次尝试。

摄影师:"这下可以拍到了,我们开始拍了。"

教师注意到幼儿没有要求顾客摆出古时候的人的动作、姿势,于是提醒。

顾客:"你们看我们像古时候的人吗?" _{唤醒幼儿对古时候的人的经验。}

老板:"我们就是按照古风造型给你装扮的。"

顾客："我觉得有点不像，古时候的人有什么特别的动作吗？" _{以方向性问题引导幼儿思考古时候的人的动作、姿势。}

摄影师："那我给你拿把扇子吧。再给你搬个椅子，你坐下来。"

顾客随意坐下，故意跷起二郎腿。

顾客："是这样坐着吗？" _{故意做出错误示范，以方向性语言引导幼儿思考古时候的人的动作、姿势。}

摄影师："不是的，妈妈讲腿不能这样放，你这样一点也不像古时候的人。"

顾客："那应该摆什么样的姿势呢？" _{引导幼儿说出"古风"的拍照姿势。}

老板："你们穿裙子的，应该把腿并拢，像我这样。"

摄影师："扇子也可以假装在扇风，把它举起来。"

顾客："谢谢你们。那我的朋友呢？她应该是什么姿势？"

摄影师："你们可以摆一个好朋友的姿势。"

顾客："什么样的姿势才是好朋友姿势呢？" _{调动幼儿对拍照的经验，并了解幼儿对"好朋友"的理解。}

摄影师："皮皮，你过来，我们摆一个好朋友的姿势让她们看看。"

两个幼儿手牵手，离得很近。

摄影师："好朋友要这样，手牵手。你们可以做这个动作。"

顾客："真是太好了，谢谢你们的意见。我们摆好姿势了。"

摄影师："那我要开始拍喽，准备——1、2、3，笑。"

摄影师顺利为顾客拍了一张照片。

分析

本案例中，教师扮演顾客角色，围绕着怎么拍、拍什么风格、拍摄方法、"古风"的拍照姿势与幼儿展开聊天，不断了解、唤醒幼儿的拍摄经验，从中发现幼儿在经验上的"漏洞"：幼儿相机太小拍摄不了全身照、幼儿对"古风"的认识仅限于外在装扮。教师不断激发幼儿主动思考、解决问题的意识，帮助幼儿在已掌握的关于拍照流程和内容等经验的基础上，丰富、拓展拍摄全身照的经验，获得让拍摄对象的外貌、动作、姿势符合所选拍摄风格的经验。

具体来看，教师通过设置"那怎么办？我们就想要全身的"问题情境，促使幼儿根据已有的拍摄经验进行思考，尝试多种方法，如让客人蹲下、调整拍摄距离等，培养幼儿解决问题的能力以及勇于克服困难的学习品质；再以"你们看我们像古时候的人吗？""是这样坐着吗？""那应该摆什么样的姿势呢？"等问题引发幼儿对古时候的人的动作、姿势等细节的关注，帮助幼儿将日常从影视剧中看到的以及生活中拍古风照片时获得的经验迁移到游戏中，实现间接经验与直接经验的联结，从外在造型和动作姿势两方面提高幼儿对"古风"的认识。

拖鞋换扇子   中班 角色区

"夏日用品店"游戏里，幼儿在售卖各种夏季用品，有扇子、拖鞋、驱蚊水等。某天，教师以顾客的身份在店里买了一双拖鞋，花了三块钱，在看到展示架上摆满了各种形状、大小、图案的扇子后，她想把鞋子退掉，改买扇子。

游戏片段

顾客："我想把鞋子退掉，买扇子，可以吗？"

店员："可以。"

顾客："请问扇子多少钱一把？"

店员："一块钱。"

顾客："我买拖鞋花了三块钱，现在退掉鞋子的钱可以买几把扇子呢？"（此时顾客手里已经拿起了一把长方形扇子。）

> 以问题引导幼儿迁移数学经验，将商品的数量与钱的数量对应起来。

店员："再给你一个（把）。"店员又拿了一把圆扇子递给顾客。

顾客："那我现在一共买了几把扇子了？"

店员："两个（把）。"

顾客："多少钱？"

店员："两块。"

顾客:"我刚才买鞋子付了多少钱?"

店员:"三块。"

顾客:"我给了你三块钱,买了你两块钱的扇子,你还应该给我几把扇子?"

> 以指向性的语言帮助幼儿明确商品数量。

店员:"一个(把),两个(把),再买一个(把)就是三块钱。"

顾客:"对,那是不是还要再给我一个(把)?"

店员点头,并说:"嗯。"店员拿起一把方扇子递给顾客。

顾客:"我已经有一个(把)方形的扇子了,你们还有什么不一样的扇子啊?"

> 以方向性问题引导幼儿关注店里扇子的形状。

店员:"没有了。"

顾客:"这边有那么多漂亮的扇子,再拿一把跟这两把不一样的给我吧。你看,我有圆的(扇子)了,也有方的(扇子)了,我要一把不一样的扇子。"

店员:"还有折扇。"

顾客:"哦,还有折扇,好的。这三种扇子有什么不一样呢?"

> 再次提问,了解幼儿对扇子形状的认知,并帮助其加深认知。

店员指着折扇,说:"这个是表演用的。"

顾客摆出圆形扇,说:"这个是什么形状的呢?"

> 以明确的语言引导幼儿关注扇子的形状。

店员:"圆形的。"

顾客指着方形扇,说:"那这个呢?"

店员:"方形的。"

顾客:"那我买这些扇子一共花了多少钱啊?"

> 通过提问了解幼儿对扇子的单价及售卖的总价是否熟悉。

店员:"三块钱。"

分析

教师巧问问题,与幼儿进行互动交流,渗透数学领域关于价格和物体形状的学习经验,将"买鞋子""退鞋换扇子""换购不同形状的扇子"的游戏内容串联起来，挑战幼儿的经验，促进幼儿的发展，推动游戏情节的展开。

挑战性问题是教师在观察和了解幼儿经验水平的基础上，直接指向幼儿"最近发展区"的问题，有助于引导幼儿积极思考、多角度地解决问题，能最大程度地激发幼儿的想象力和创造性。在"用拖鞋换扇子"时，教师巧设情境，基于幼儿的经验，采用递进式的问题挑战中班幼儿的认知。教师不直接告诉幼儿可换几把扇子，而是不断提醒幼儿两种物品的价格，引导幼儿思考商品数量和总价的关系。在这个过程中，教师尊重幼儿的思考和判断，给幼儿留下了充足的思考和探索空间。在幼儿搞清楚"顾客"可以换购的扇子的数量后，教师又提出想要一把与前两把不同的扇子的要求，再次对幼儿提出挑战，助推幼儿经验的增长，意在鼓励幼儿迁移数学领域中有关形状的经验，仔细观察教师手中已有的两把扇子，从而寻找到形状不一样的折扇。这个环节同时也向幼儿传递了一种销售经验，暗示幼儿在今后的游戏中可以向顾客推荐不同的扇子。

教师在挑战幼儿认知的同时也注意等待幼儿，以拆解问题、给予幼儿充分的思考时间等策略，缓解幼儿面对难题时的压力与焦虑情绪，尽可能地让幼儿在轻松的氛围中解决问题。比如：教师不断提醒幼儿可换的扇子的数量、总的价格，最终让幼儿获得"顾客"退掉一双鞋子的钱可以换购三把扇子的新经验。游戏过程中，教师努力通过聊天促使幼儿开动脑筋自主思考，帮助幼儿在不断探索和解决问题的过程中增强自信心。

百变吸管   中班　建构区

教师在建构区提供了许多低结构游戏材料——吸管，幼儿自主运用此材料进行游戏。一名幼儿将吸管插接起来，搭出了"小楼房"，吸引来不少幼儿围观，他们纷纷模仿起来，搭出了相似的"小楼房"。游戏持续一段时间后，幼儿依旧只是用吸管搭建类似的"小楼房"。于是，教师在看到一群女孩再次搭建"楼房"时，走进游戏区域，借助聊天了解幼儿的已有经验，并试图推动幼儿获取更多新经验。

图1 幼儿用吸管搭建"小楼房"　　图2 其他幼儿模仿搭建"小楼房"

游戏片段

老师:"这里有好多的楼房呀。"

幼儿:"是啊,我们小区有好多好多高高的楼房呢。"

老师:"除了楼房,你们在小区里还会见到什么?" _{顺着幼儿的话题进行追问,唤醒幼儿关于可搭建事物的经验。}

幼儿:"汽车、大树、花朵、小朋友玩的游乐场……"

老师:"小区里还有这么多东西啊。你们能搭出来给大家看看吗?" _{鼓励幼儿增加搭建内容。}

幼儿:"搭一个像城堡的游乐场吧!"

幼儿运用已有经验,将用吸管搭出的正方体不断垒高,搭建出两个立柱。

幼儿:"我要把它们连起来,这样就是游乐场的大门了。"

她们将吸管一根一根连接在两个立柱上,形成拱门。可是拱门有点头重脚轻,没一会儿就倒下了。

图 3 幼儿用吸管连接"游乐场"的"拱门"

老师:"咦?它为什么会倒呢?" ｜引导幼儿思考"拱门"倒塌的原因。

幼儿:"因为有点太重了。"

老师:"有什么办法让它不倒呢?" ｜引导幼儿思考如何固定"拱门"。

幼儿:"用椅子靠紧它,它就不倒了。"

老师:"这是个办法。还有别的办法让它不依靠其他物品也不倒吗?" ｜鼓励幼儿转变视角,思考更适宜的解决问题的方法。

教师继续观察并等待幼儿的操作,过了一会儿,发现幼儿没有想出其他办法。教师转身看到玩具柜上有两个站立着的盲盒娃娃,随即让幼儿观察。

图 4 站立着的盲盒娃娃

老师:"你们看,这两个娃娃为什么不会倒?" ｜引导幼儿观察、对比,发现可以通过搭建底座来固定"拱门"。

幼儿:"因为它们的两条腿被固定了,就不容易摔倒了。"

老师:"这个办法怎么样?你们游乐场大门的柱子可以这样加固吗?"

幼儿参照这个方法开始尝试。她们先用吸管在拱门外圈围出一个大圆,随后放开立柱,发现立柱内侧还是会晃动,于是又在立柱内侧围出一个小圆。这下终于成功地稳定了立柱,"游乐场"的拱门搭成功了。

图5　幼儿成功固定了"游乐场"的"拱门"

分析

该案例中,师幼两次积极互动,拓展了建构游戏的内容,解决了建构游戏中出现的问题。

在第一次互动中,教师通过连续观察,发现大多数幼儿对运用吸管来进行建构游戏有兴趣,但建构内容比较单一。教师顺应幼儿的游戏兴趣,以"这里有好多的楼房呀"表达对幼儿建构游戏的关注和肯定,引导幼儿自然而然地进行聊天。随后教师从幼儿的聊天内容中提取"小区"这个信息,并以"除了楼房,你们在小区里还会见到什么?""你们能搭出来给大家看看吗?"顺势唤醒幼儿关于小区设施的经验,帮助他们丰富建构的主题。

当幼儿凭借对小区设施的印象,运用吸管搭建"游乐场拱门"时,遇到了"拱门"不稳定的问题,就有了师幼之间的第二次互动。《3—6岁儿童学习与发展指南》中指出:中班幼儿"能对事物或现象进行观察比较,发现其相同与不同",教师抓住幼儿不知道如何让"拱门"不依靠外物就能站稳的"经验漏洞",引导幼儿观察实物、迁移经验,用"搭建底座固定拱门"的方式成功解决了问题。

动物学校

中班　建构区

两名幼儿用积木建构了两层高的作品,并将其命名为"动物学校"。他们还将木质小动物排列在"动物学校"最底部的一楼,自己则趴在地面上,看着小动物。陈老师对幼儿的作品和行为产生了好奇，于是走过来与幼儿聊天。

游戏片段

陈老师："你们搭的是什么？"　　了解幼儿游戏的情节。

念念："这是动物学校。"

陈老师："怎么看不见动物呀？"

念念："在一楼。"

陈老师："哦！小动物们在做什么？"

念念："它们在上课。"

陈老师："你们能不能把底下搭高一点？（让我们）能看见上课的小动物们。"

图1　"动物学校"

两名幼儿没有回应，陈老师就走开了。两名幼儿继续趴在地面上观看，好像在和小动物们说着什么。

张老师走进现场，看到了这一情景，她也对幼儿的行为和建构作品充满了好奇，也开启了与幼儿的聊天。

张老师："小动物们如果想出来玩，可以玩什么？"

用开放性问题调动幼儿的生活经验，引导幼儿思考如何丰富建构内容。

图2　幼儿和小动物说话

多米在张老师所提问题的启发下，立即去取材料搭建滑梯、跷跷板。他告诉张老师："小动物们可以玩滑梯、跷跷板。"并用动作演示给老师看。

图3　幼儿搭建"滑梯"

接着两名幼儿在滑梯旁边用长条形积木平铺，表现出跑道，又在跑道两头立起长条形积木，作为起点和终点。多米指着跑道两端立着的积木告诉张老师："这是动物学校的跑道，这个跑道有起点和终点。"他又数了数平铺的积木，说："有5条跑道，小动物们每天早上起来要去跑步。"

图4 幼儿告诉老师："这个跑道有起点和终点。"

图5 幼儿搭的5条"跑道"

念念在跑道旁边将三块半圆形积木围合起来，并在中间放了一团线绳。她对多米说："看，（我）又搭了一个旋转木马。"然后，念念将小动物们从"动物学校"一楼取出来，给它们排排队，说："小动物们要一起散步。"

图6 旋转木马

接着，念念又将三角形积木两两组合，最后平铺出一个大的近似梯形的形状。她将小动物们依次排列在这个大梯形的边沿，说："小动物们在餐厅吃饭。"

图7 小动物们在"餐厅"吃饭

分析

在该案例中,教师与幼儿围绕"动物学校"进行聊天,唤醒了幼儿关于幼儿园生活的经验,然后教师引导幼儿把这些经验迁移至"动物学校"其他设施、场所的搭建中,极大地丰富了游戏情节。不难发现,陈老师和张老师与幼儿的聊天效果截然不同。陈老师看到幼儿趴在地面上观看"上课的小动物们",直接提出"你们能不能把底下搭高一点"这个建议,试图让幼儿调整"动物学校"底层的高度,但是幼儿没有回应。这个建议之所以没有引发幼儿新的行为,是因为陈老师的想法与幼儿的想法没有发生连接,幼儿个子小,他们并没有意识到"看不见动物"这个问题。

而张老师关注并捕捉到了重要信息:幼儿是将自己上幼儿园的经验迁移到"动物学校"游戏中了,于是就顺应幼儿的经验,提出"小动物们如果想出来玩,可以玩什么?"这样开放性的问题。该问题贴近幼儿自己上幼儿园的生活经验,并与之发生连接,得到了幼儿的积极回应,进而促使幼儿创造性地表现出小动物们玩"滑梯"、玩"跷跷板"、"跑步"、"散步"、"吃饭"等丰富的内容。

脑科学研究指出,我们的大脑在学习时,脑神经通路会有三种生长方式:第一,生成新的神经通路,新生的通路细小而脆弱,但随着学习的深入,会变得越来越强壮;第二,原本没有连接的两个通路之间会形成新连接;第三,现有的神经通路会增强。

本案例中，幼儿在玩建构游戏时，脑神经通路的三种生长方式都存在。幼儿在教师的提示下出现建构行为，此时建构作品所展现出的新场景和幼儿自身的生活经验发生了连接，幼儿的新经验变得越发丰富，原有的经验也会得到增强、巩固。可见，在游戏活动不断探索、调整、生成的过程中，幼儿的大脑神经通路也处于持续的生长和变化之中。

教师在观察幼儿的建构游戏时，可能有四层境界。第一层，了解幼儿的建构技能水平，关注幼儿的建构作品，如"这是什么""怎样让它稳一点""能不能高一点"等信息；第二层，了解幼儿的建构游戏和其他游戏的关联，如注意到幼儿的建构行为在与象征性行为交互发生；第三层，了解幼儿在玩建构游戏的过程中是否实现了更多有意义的学习与发展，关注幼儿如何通过建构游戏或者运用材料表达、连接自己的经验、情绪、情感等；第四层，敏锐地察觉幼儿的行为反应，提供适宜的支持，最大限度地促进幼儿大脑神经通路的生长和连接，引领幼儿不断地向更高水平发展。本案例中，张老师察觉到幼儿的建构行为中存在着"小动物上课"的象征性游戏行为，于是调动幼儿的已有经验，引导幼儿丰富建构内容和游戏情节，助力幼儿发展。

皮影戏影院　　　　　　　　　　　　　　中班　表演区

幼儿在建构区已经用积木、纸杯、桌椅等材料搭建好了"大影院"，其他区域的幼儿进入"大影院"准备观看皮影表演，但是幼儿之间产生了争抢座椅的矛盾。为了帮助幼儿解决冲突，推动游戏情节和幼儿经验的发展，教师扮演观众走进了游戏区，并与"大影院"的工作人员进行聊天。

游戏片段一："我"的座位在哪里

观众："我也想来看皮影戏表演。"

工作人员："可以，那你进来吧。"

观众："我的座位在哪里？"

工作人员："空座位都可以坐。"

观众:"可是我不知道哪些座位是空的,万一坐到了别人选好的座位怎么办?"(刚才有的小朋友已经找到座位坐下了,中途去喝水,回来发现座位被其他小朋友坐了,两人发生了矛盾。)

> 创设冲突情境,引导幼儿思考如何让观众有序地找到自己的座位。

工作人员:"那怎么办?"

观众:"你去过电影院吗?"

> 了解并唤醒幼儿关于电影院的生活经验。

工作人员:"去过,我还看了×××(动画片名)。"

观众:"那你去电影院是怎么找座位的?"

> 唤醒幼儿"电影院座椅上有号码"的经验,并引导幼儿迁移经验。

工作人员:"电影院的座位上有号码。对了,我给小椅子也贴上座位号就行了!"

幼儿跑到美工区,找到一张白色卡纸,在白色卡纸上按顺序写数字,然后将数字一个一个剪下来,请同伴一起将数字贴在小椅子的靠背上。

图1 幼儿将数字按照顺序贴在椅子上

观众:"可是我还是不知道我的座位号是多少?"

> 唤醒幼儿"电影票上也有座位号"的生活经验。

工作人员:"电影票上有座位号,我要画个票。你想坐几号座位?"

观众:"我想坐2号座位。"

工作人员:"好的,你等一下。"

因为前段时间幼儿在皮影区表演过《西游记》的故事,因此这个工作人员在票上画出了《西游记》里的孙悟空和猪八戒形象，并写上了数字"2"。

图2　幼儿画的票

工作人员："你按照票上面的数字找座位就行了。"

观众："他们没有票的也能进来看吗？" ← 以问题将"没有票不能进影院"的经验传递给幼儿。

工作人员："没有票就不能进来了。"

观众："那怎么知道进来的人有没有票呢？" ← 唤醒幼儿"进影院观影需要检票"的生活经验。

工作人员："需要检票啊。"

说完，该幼儿从美工区桌子上拿了一小张刚才写数字剩下的白色卡纸，并请教师帮忙在上面写上"检票窗口"，随后幼儿开始搭建检票窗口。

图3　幼儿搭的"检票窗口"

上述聊天过程中，教师主动参与游戏并逐步引导幼儿通过贴座位号和检票解决争抢座位的问题。但在游戏过程中，教师又发现经常有幼儿跑过来问"今天皮影戏表演什么呀？"于是教师聚焦这个问题，继续以观众的身份与幼儿开展进一步的交流。

游戏片段二:今天演什么

观众:"今天的皮影戏表演什么内容?"

工作人员:"演《西游记》。"

观众:"是《西游记》里的哪个故事?" 了解幼儿对《西游记》故事的熟悉程度。

工作人员:"嗯,那就演'女儿国'吧。"

观众:"可是其他人都不知道今天表演《西游记》中'女儿国'的故事。"

工作人员:"我可以告诉他们。"

观众:"有没有什么方法可以让他们一看就知道呢?" 启发幼儿思考如何展示皮影戏表演内容。

工作人员:"那我把表演的节目画出来给他们看吧。"

观众:"可以哎,我之前去大剧院看表演,剧院里面都有海报,海报上就可以看到当天要表演的内容。" 根据自身经验启发幼儿解决问题,唤醒幼儿关于海报的经验。

工作人员:"就像皓然带来的海报一样吗?"(前几天皓然去看了一场表演,并将一张海报带到班上来了。)

观众:"是的,你可以试试哦!"

工作人员:"那我请果果帮我一起画。"

图4 幼儿和同伴一起绘制皮影戏海报　　图5 幼儿画的海报

观众:"图书区有图画书《西游记》,你们可以去找来看看。"

工作人员:"我画了女儿国国王,唐僧和猪八戒喝了子母河的水,正大着肚子躺在床上呢(见图5右侧特写)。"

分析

当幼儿在游戏中发生争抢座位的冲突时,教师以观众的身份与幼儿平等地聊天,像挤牙膏似的,以一个个细节"需求"逐渐调动幼儿的生活经验,从而将幼儿的观影经验与游戏串联起来,在游戏中生成了根据票找座位、制作票、检票等新的游戏情节。比如:教师通过提问"你去过电影院吗?""那你去电影院是怎么找座位的?"帮助幼儿回顾生活经验,回忆起电影院的座位不是随便坐的,而要根据电影票上的座位号来找对应的座位,从而启发幼儿给皮影戏影院的座位进行编号,并制作票;又通过"那怎么知道进来的人有没有票呢?"这个问题唤醒幼儿关于影院需要检票的经验,从而引发了幼儿搭建"检票窗口"给观众检票的游戏行为。

教师在持续观察中发现了游戏中存在的其他问题:"观众们"不知道表演内容。基于此,教师继续以观众身份进一步引导:"今天的皮影戏表演什么内容?""有没有什么方法可以让他们一看就知道呢?"教师启发幼儿思考,并通过提出导向性的任务,鼓励和支持幼儿绘制海报,促进幼儿经验的生长。在整个过程中,教师都是抓住游戏中出现的问题不断提问、启发、引导,从而促进幼儿新经验的产生和游戏情节的发展。

小猫钓鱼

中班　表演区

孩子们想在春天小舞台表演最近听过的故事《小猫钓鱼》。于是,在环境、道具等准备好后,进入游戏区的幼儿决定进行第一次表演。游戏开始后,小演员却迟迟没有上场,台下的观众坐不住了,纷纷离开。为了了解情况、帮助幼儿解决问题,推动游戏顺利进行,教师以观众的身份与幼儿聊天,给予幼儿适宜的指导。

游戏片段一:每个人只能演一个角色吗

老师:"什么时候开始表演?我和其他观众已经等了很久了。"

> 了解幼儿不上台表演的原因。

幼儿："我们还缺一个演员，没办法演！"
老师："你们要表演什么节目呀？"
幼儿："我们要表演《小猫钓鱼》，可是少一个人，没人演蜻蜓。"
老师："每个人只能演一个角色吗？" _{以问题将"一个人可以扮演多重角色"的经验传递给幼儿。}
幼儿："可以让一个人演两个小动物。"
老师："谁来演蜻蜓呢？" _{针对某个具体角色谁来演进行追问，推动游戏发展。}
扮演小蝴蝶的幼儿："我来演吧，我只要换个头饰就行了。"

小演员们都表示赞同，很快就装扮好角色准备表演。在边听故事边表演的过程中，扮演猫妈妈的幼儿一直坐在原地忙着钓鱼，就连对话的时候都没看着小猫，也没有脸部表情的变化。于是在故事表演结束后，教师走到后台祝贺他们首演成功，并表示想要加入他们的游戏，扮演猫妈妈。孩子们听到教师要和他们一起表演，显得非常激动。

游戏片段二：表演时，猫妈妈要有什么动作和表情

猫妈妈："我没表演过这个故事，正式表演前我们可以先练习一下吗？" _{以演员身份提出建议，生成关于"排练"的游戏情节，使幼儿获得新经验。}

其他演员："可以。"

猫妈妈："我是猫妈妈，我应该怎样表演呢？" _{了解并调动幼儿的已有经验，启发幼儿进行思考。}

其他演员："就听故事，到你的时候表演就行了。"

猫妈妈："我要做什么动作呢？"

其他演员："钓鱼，然后和小猫说话。"

猫妈妈："我和小猫说话的时候需要做什么动作？要有什么样的表情呢？" _{启发幼儿思考表演时的动作、表情。}

其他演员："要看着小猫，说'不要三心二意'的时候可以摇摇手。"

猫妈妈："教育小猫的时候，表情是要开心还是严肃呢？" _{通过对表演细节的提问，引导幼儿在表演时根据情节演出相应的动作与表情。}

其他演员："要严肃一点。"

猫妈妈:"小猫改正后,猫妈妈是什么表情呢?可以对小猫做什么动作呢?"

> 启发幼儿进一步思考角色动作和表情的变化。

其他演员:"猫妈妈很开心,可以抱抱小猫、夸夸小猫。"说完,幼儿做竖起大拇指的动作。

……

表演结束后,小演员们各自忙着挑选服装和道具,过了一会儿也没有再表演,小观众们等得有些不耐烦了,陆陆续续地离开了小舞台的观众席。教师见状,便再次以观众的身份与小演员们聊天。

游戏片段三:除《小猫钓鱼》外,剧场里还有什么节目

观众:"今天只有《小猫钓鱼》的节目吗?还有别的表演吗?"

> 从观众的角度提问,了解幼儿的游戏计划。

演员:"有,还有唱歌和跳舞。"

观众:"我们都不知道接下来有什么表演,有的观众都走了!"

> 引导幼儿关注有观众因不清楚表演内容而离开的问题。

演员:"我们在准备呢!"

观众:"可是观众不知道呀!你们看过演出吗?"

演员:"看过。"

观众:"你们看演出时是怎么知道剧场里有什么表演的?"

> 唤醒幼儿关于去剧场看演出的经验。

演员:"剧院门口有节目单。"

观众:"节目单上有什么?"

> 引导幼儿思考剧院节目单的具体内容。

演员:"上面有节目名字,还有第几个表演。"

观众:"那你们可以制作节目单给我们看吗?"

> 激发幼儿迁移已有经验尝试制作节目单,丰富游戏内容。

演员:"可以,可是我们不会写字。"

观众:"图画也可以,观众也能看得懂。"

> 从观众角度提出适合幼儿的建议,鼓励幼儿用绘画的方式表现节目名称或内容。

演员:"那我们可以画画。"

于是,幼儿根据节目名称和节目中的主要角色分工绘画了各个节目,也讨论了演出顺序，共同完成了可调整、变换的节目单。

图1 幼儿制作好的节目单

分析

在上述案例中，面对不同的问题，教师用不同的角色身份与幼儿进行聊天。当游戏停滞或游戏出现问题且幼儿没有解决时，教师以观众的角色介入指导，通过问题"什么时候开始表演？我和其他观众已经等了很久了"了解游戏停滞不前的原因，并启发幼儿"一人扮演多个角色"，推动游戏进行。在游戏进行过程中，教师又以"新人演员"的身份加入其中，唤醒幼儿"表演前进行排练"的经验。教师还通过"我是猫妈妈，我应该怎样表演呢？""我和小猫说话的时候需要做什么动作？要有什么样的表情呢？"等问题调动幼儿的已有经验，引发幼儿思考，帮助幼儿在动作、表情等表演要素上有所突破。而后，教师又根据自己发现的问题——观众不知道表演内容及剧目演出的顺序，进一步提问："你们看演出时是怎么知道剧场里有什么表演的？"唤醒幼儿关于去剧场看演出的经验，激发幼儿迁移已有经验尝试制作节目单。《3—6岁儿童学习与发展指南》中指出，中班幼儿"经常用绘画、捏泥、手工制作等多种方式表现自己的所见所想"，因此，在面对幼儿提出的"不会写字"的问题时，教师鼓励幼儿通过绘画的方式制作节目单，让幼儿知道表演前要计划好节目内容和演出顺序，并告知观众。在整个过程中，教师都基于游戏中出现的问题进行提问、启发和引导，从而促进幼儿新经验的产生和游戏情节的不断丰富。

订制三叶草发夹

中班　美工区

幼儿在美工区用毛根制作绒花发夹，通过绕、拧、粘贴组合，制作成不同样式的发夹，如三叶草、四瓣花、五瓣花、玫瑰花、双色花等，并将完成的作品进行展示。在一次教研活动中，一位客人老师被小朋友们的作品吸引，于是加入游戏与幼儿聊天，引发了发夹的"私人订制业务"。

游戏片段一："我"想要一个绿色的三叶草发夹

客人老师："你们的发夹好漂亮呀！"

接待幼儿："我们这边有很多发夹，你喜欢什么样的？你可以自己选一个。"

客人老师："嗯……我想要绿色的。"

幼儿在展示架上寻找绿色的发夹，拿起一个三叶草发夹递给客人老师。

接待幼儿："那就这个三叶草发夹吧，它是绿色的，昨天刚做出来的，大家可喜欢了。"

客人老师接过幼儿递来的三叶草发夹看了看，说："虽然这个三叶草发夹我很喜欢，但是这个夹子我不喜欢，我想要一字形的、绿色的夹子。"

> 设置任务情境，了解幼儿应对客人需求的办法。

幼儿点点头，看了看发夹，在展示架上继续寻找符合客人老师要求的发夹。

接待幼儿："只有这一个三叶草发夹了，你买其他的行不行？"

客人老师："我就喜欢这个三叶草发夹，其他的我不想买。"

> 引导幼儿想办法满足客人的需求。

接待幼儿："那我帮你再做一个吧。"

客人老师："我要这个绿色的三叶草，中间的白色小花我不想要，还有哦，要绿色的一字夹，你记住了吗？"

> 描述自己的需求，使幼儿明确制作要求，同时向幼儿传递经验：给"顾客"做订制的发夹时要关注"客人"的需求。

接待幼儿："嗯，我记住了。你要绿色的发夹，不要中间的小花。"

客人老师："什么时候能做好呀？" <mark>引导幼儿明确制作、拿取发夹的时间。</mark>

接待幼儿："我马上就做，明天肯定能做好。"

客人老师："但我明天不来呀，什么时候能拿呢？"

接待幼儿："那你下次来我们班玩游戏的时候来拿吧。"

客人老师："好的。"

游戏片段二：私人订制记录单

当天游戏分享环节，在美工区进行游戏的幼儿提出了自己遇到的问题。

天一："今天我想做客人老师订的发夹，但我不记得她要什么样的了。"

老师："你有没有问一问负责接待的小朋友呀？"

天一："我问了，他只说了三叶草发夹，其他的不记得了。"

老师："每个客人都有自己喜欢的发夹样式，那怎样才能记住客人的要求呢？" <mark>以开放性问题唤醒幼儿的相关经验，启发幼儿思考解决问题的方法。</mark>

妍妍："可以用笔画出来。"

喜宝："画完了还要涂上客人要的颜色。"

小米："把客人要的发夹拍下来，打印出来就记得了。"

老师："如果客人想要的发夹我们没有，那怎么拍呢？" <mark>引导幼儿反思解决问题的方法是否适宜。</mark>

小米："那就不能用这个方法了。可以录视频。"

老师："录什么呢？"

小米："录客人说的话。"

开心："我有一个办法，就是拿一个筐子，把她需要的东西都放进去。"

开心说完后，其他幼儿在小声地交流着。

老师："大家同意这个方法吗？" <mark>充分倾听幼儿的不同想法。</mark>

可乐："我不同意，我们的小筐上有洞，小的东西会掉出去的。"

老师："那怎么办呢？还有什么好办法？"

可乐："我可以用袋子把它（们）装进去。"

老师："大家觉得这个方法怎么样？"

瓜瓜："这个方法好，东西就不会掉出来了。"

老师："刚刚小朋友们想到了很多好办法，你觉得哪个方法最方便、最好用呢？"

> 引导幼儿深入思考问题，选择适宜的办法解决问题。

经过幼儿的反馈，大家发现"记下来"和"用袋子装起来"的方法呼声最高。

老师："那怎么记呢？"

可乐："要记客人老师的名字，还有她要的发夹是什么样的。"

老师："名字怎么记？客人老师可以用什么表示？客人老师姓俞。"

> 以具体问题启发幼儿思考用什么样的方式记录客人的名字。

妍妍："画一条鱼。"

老师："还有呢？"

瓜瓜："涂上绿色，再画一个一字夹就行了。"

根据师幼讨论的结果，幼儿尝试记录客人老师的订制要求。

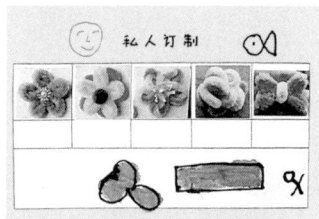

图1　幼儿记录客人老师的订制要求

游戏片段三：发夹被退回

两周后，幼儿在客人老师再次来园的这天将做好的发夹送给了她，但发夹被退了回来。

老师："客人老师把我们制作的发夹退回来了，我们一起来看看它到底为什么会被退回。"

天一："就是绿色的三叶草呀，一字形的夹子。"

教师将私人订制记录单和夹子一起展示出来，师幼一起观察研究。

老师一边说一边翻动夹子："我们一起对照着看一看。是三叶草。颜色呢？"

> 引导幼儿关注客人的要求和发夹之间的不同，发现问题。

妍妍："我知道了，这个夹子后面是粉色的。"

原来，幼儿制作的时候发现没有绿色的夹子，就用绿色毛根将夹子的正面盖住了，没有仔细遮盖夹子的背面和侧面。

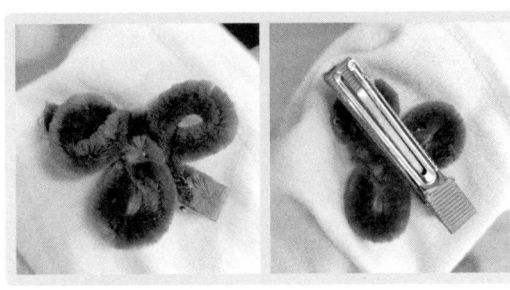

图 2　被退回的发夹的正面和背面

老师："我们的材料里没有绿色的夹子，怎么办呢？" 〔鼓励幼儿积极思考，寻找解决材料不足问题的办法。〕

天一："可以把发夹放在染料里，染成绿色的，晾干。"

老师："这个方法可以吗？" 〔鼓励幼儿发表自己的看法。〕

喜宝："可以吧，毛线可以染色，发夹应该也可以。"

妍妍："我觉得不行，客人现在就想要怎么办？染色要好久。"

老师："那怎么办呢？用什么方法不必等那么久呢？"

小米："那我们再买一盒绿色发夹，不就行了。"

心心："但是来不及啊，今天要给老师的。"

老师："还有没有其他的方法，今天就可以把问题解决的？" 〔引导幼儿思考如何在限定时间内解决问题。〕

开心："重新做一个，把那些粉色的部分全部都包裹起来。"

老师："用什么包裹呢？"

开心："用绿色的毛根。"

多名幼儿："嗯，可以用。"

老师："大家今天可以试一试，看看怎样才能将粉色部分全部覆盖住，让客人满意。"

在当天的游戏时间，幼儿对退回的发夹进行了二次加工，他们将毛根对折，然后覆盖到一字夹上。再次送货时，客人对这次的发夹很满意。

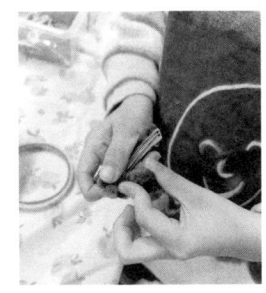

图 3　幼儿对发夹进行二次加工

分析

在上述案例中,客人老师基于幼儿长时间玩此类游戏且已积累了大量游戏经验的前提,有意设置问题情境,引导幼儿关注"顾客"的制作需求,助推幼儿游戏产生了"私人订制"的新游戏情节。当班级教师了解到幼儿在制作过程中忘记了"顾客"的需求,不断以方向性问题激发幼儿讨论,帮助幼儿获得了记录"顾客"的需求、对照订单制作发夹等新的游戏经验。在引导幼儿根据"顾客"订制需求制作发夹的过程中,班级教师主要围绕下面两方面启发幼儿思考。

首先,面对遗忘"顾客"需求的问题,教师鼓励幼儿发挥集体的智慧,积极讨论,大胆表达,并通过连续提问引导幼儿反思、斟酌方法的适宜性,慢慢地帮助幼儿挖掘已有经验。中班幼儿的语言表达能力较小班有了很大的提升,因此,在幼儿提出忘记了"顾客"想要什么样的发夹时,教师以开放性问题"每个客人都有自己喜欢的发夹样式,那怎样才能记住客人的要求呢?"启发幼儿主动思考和讨论,寻找解决问题的办法。并且,教师以追问的方式将幼儿的提议抛给其他幼儿讨论,启发全体幼儿思考、反思办法的适宜性,集合大家的力量探索出最佳办法。最后,教师以"名字怎么记?客人老师可以用什么表示?客人老师姓俞"等挑战性问题进一步启发幼儿思考记录的细节,从而帮助幼儿形成关于"订单"的完整经验。

其次,教师以做好的发夹被退回为契机,抓住幼儿的"经验漏洞",引发幼儿细致观察、对比"订单"上"顾客"的需求和实物之间的区别,找到发夹被退回的原因,并启发幼儿思考解决办法。在缺乏材料的情况下,教师再次以开放性问题"我们的材料里没有绿色的夹子,怎么办呢?"启发幼儿进行思考。幼儿在此过程中获得了对比、观察事物间异同的科学经验,获得了务必关注事物细节,一丝不苟按要求制作物品的新经验。

摆贝壳 中班 户外游戏

户外游戏时间,心心、冉冉和糖糖用石头、树枝在地上摆了一个近似圆形的图案,并将贝壳、海螺壳等摆在下方。教师看到后,对幼儿摆贝壳的行为产生了兴趣,遂走到幼儿右侧,蹲下来和幼儿聊天。

游戏片段

老师:"你们这是怎么摆的呢?" 　　了解幼儿摆贝壳的想法。

心心:"随便摆的。"

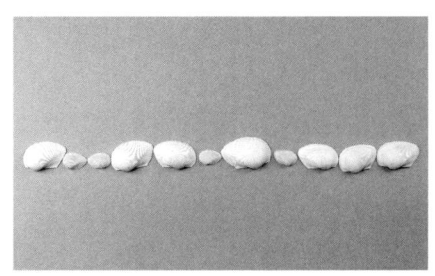

图1　幼儿摆的贝壳

老师:"随便摆的啊?那这几个贝壳为什么放在一起呢?"教师依次用手指右侧的5个贝壳。

心心用手指着从右往左的第4、第5个贝壳,说:"这个是沙子,这个是白贝壳。"

老师:"这些贝壳除了随便摆,还可以怎么摆?" 　　启发幼儿深入思考。

糖糖:"不是随便摆的。"

老师:"那你可以给我介绍一下吗?"

见糖糖没有反应,老师从右往左指着贝壳依次说:"这是1个、2个、3个大贝壳,这是1个小贝壳,这个呢……白贝壳,后面是小贝壳,再后面是1个、2个大贝壳,跟前面的这个贝壳(手指着最右端的3个大贝壳)不一样嘛。" 　　借助指贝壳的动作调动幼儿关于模式的经验,启发幼儿按照模式进行摆放。

糖糖还是没有反应,老师继续引导:"如果我这样摆呢?(从右往左按照"1个海螺、2个大贝壳"的模式摆了3组模式单元)我是怎么摆的呢?" 　　通过实际操作示范ABB模式,调动幼儿的兴趣。

图 2　教师按照 ABB 模式摆海螺和贝壳

心心从右往左一边用手依次指，一边说："1 个海螺、1 个贝壳、1 个贝壳……"

老师："你们能摆一个和我这个很像的吗？"

> 提出方向性任务，鼓励幼儿模仿示例摆放物品，引导幼儿复制 ABB 模式。

幼儿拿取海螺和贝壳，从右往左按照"1 个海螺、2 个贝壳"的模式摆放，但幼儿摆贝壳时没有注意到贝壳的大小，以致摆放内容变为"1 个海螺、1 个大贝壳、1 个小贝壳、1 个海螺、1 个小贝壳、1 个大贝壳……"幼儿不断变换大贝壳、小贝壳的顺序。

图 3　幼儿用贝壳和海螺表现的 ABB 模式

老师："你们摆好啦？跟我摆的一样吗？"

> 引导幼儿回顾并检查自己摆出来的模式是否与示例一致。

幼儿从右往左一边用手指，一边说："1 个海螺、1 个贝壳、1 个贝壳，1 个海螺、1 个贝壳、1 个贝壳，1 个海螺、1 个贝壳、1 个贝壳。"

老师："是一样的吗？"

幼儿："一样的。"

老师边用手指边说："1 个海螺、1 个大贝壳——"

> 用动作和放慢语速的方式引导幼儿关注物品的大小属性，知道它是影响模式排列的因素之一。

教师特意放慢语速,给幼儿反思的时间。幼儿反应过来,是小贝壳放错了,随后将其调整为大贝壳。教师再次一边指一边说出摆放物品的数量和名称,幼儿将后续单元中的小贝壳全都替换为大贝壳。

老师:"那你们还能摆出跟这个不一样的形式吗?" 提出挑战性的任务,以激发幼儿创造性,鼓励幼儿尝试探索、表现更多不同的模式。

幼儿:"可以1个贝壳、1个海螺,1个贝壳、1个海螺,1个贝壳、1个海螺。"

幼儿调整贝壳和海螺的排列顺序,将其变为AB模式。

老师:"还能摆出跟这个不一样的?除了'1个海螺、2个大贝壳''1个贝壳、1个海螺'之外,还有不一样的方式吗?"

幼儿:"2个海螺、1个贝壳。"

老师:"那你摆一下呢。" 鼓励幼儿动手实践,尝试AAB模式。

心心、糖糖和冉冉开始摆放。心心先摆了2个海螺,随后糖糖往左边摆了1个贝壳,然后心心又往左边摆了1个海螺,冉冉往左边摆了1个贝壳,糖糖也放了1个贝壳(见图4序号①)。心心提醒糖糖不能连续摆2个贝壳,随后糖糖拿掉1个贝壳,重新放入1个海螺(见图4序号②)。冉冉随手将左侧贝壳挪到前面2个海螺中间(见图4序号③),其他两名幼儿没有发现不对,继续按照1个海螺、1个贝壳的规律进行摆放(见图4序号④)。

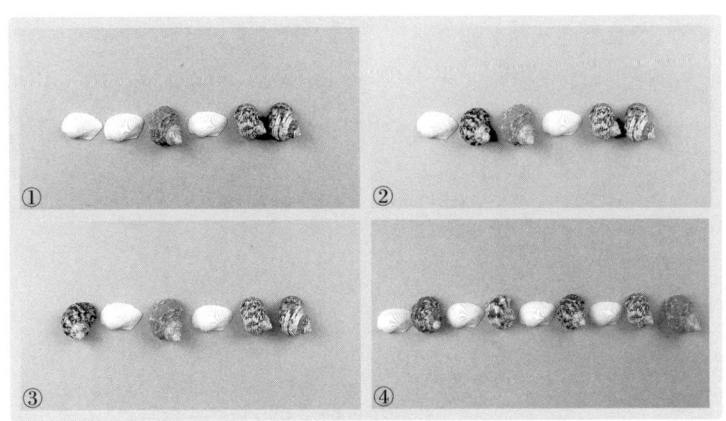

图4 幼儿计划按照"2个海螺、1个贝壳"的规律摆放,但最终按照"1个海螺、1个贝壳"的规律摆放

老师:"检查一下,看看对不对呀。" 引导幼儿自主检查,发现模式排列的错误。

幼儿:"不对。前面有2个海螺。"

幼儿拿走了最右侧的1个海螺,摆放的图案变成了AB模式。

老师:"你(心心)本来想摆2个海螺的,是不是?"

冉冉:"这样更好看。"

老师:"还可以摆成什么形式的,比如3个海螺、3个贝壳?" 以方向性问题再次激发幼儿摆放的兴趣,拓展并丰富幼儿对模式的认识。

幼儿想了想,随后从右往左按照"1个海螺、3个贝壳"的规律进行摆放。

老师:"这次是怎么摆的?"

幼儿:"1个海螺、3个大贝壳。"

老师:"那后面是怎么摆的?"

图5 幼儿按照"1个海螺、3个大贝壳"的规律第一次摆出的图案(最后一组摆了5个贝壳)

幼儿:"海螺不够了。"

随后幼儿又从其他组里拿来了一些海螺,按照前面已表现出的排列规律进行了调整。

图6 幼儿按照"1个海螺、3个大贝壳"的规律进行调整

分析

这是一个教师从开放性问题入手,以方向性、挑战性问题巧妙追问,通过给幼儿设置认知冲突情境,抓住幼儿的"经验漏洞",不断回应幼儿,助推幼儿经验生长的典型案例。教师在了解到幼儿随意摆贝壳与海螺壳的情况后,即时连接数学领域中关于模式的内容,把幼儿当前的游戏行为和数学经验联系起来,不断通过聊天唤醒、丰富和拓展幼儿关于模式的经验。

教师先以开放性的问题了解幼儿的摆放想法,发现幼儿没有意识按规律摆放物品,考虑到幼儿已经在小班学习过 ABB 模式,能够复制并拓展 ABB 模式,因此试图借助动作和语言唤醒幼儿已有的数学经验。教师首先为幼儿做出模式摆放示范,鼓励幼儿模仿范例,"鹰架"幼儿的初次操作,避免幼儿可能因任务过难而产生畏难情绪。在注意到幼儿忽视了物品的大小属性后,教师又借助语言"1个海螺、1个大贝壳——"和手指动作将问题暴露出来,启发幼儿关注贝壳的大小差异对复制模式的影响,最终,幼儿成功地按范例模式摆放好了贝壳和海螺壳。

在幼儿掌握一定的模式规律后,教师继续把握教育契机,以挑战性任务鼓励幼儿发散思维,尝试探索其他模式。在发现幼儿的想法局限于 AB 模式后,教师先用排除法鼓励幼儿思考其他的摆放方式,再用语言提示引导幼儿深入思考并创造新模式,最后借助语言引导幼儿发现摆放中存在的问题,不断拓展幼儿对模式的经验。

我的家里多了一个爸爸　　　大班　角色区

近期,幼儿游戏中出现了双重角色,在娃娃家扮演爸爸妈妈的幼儿也可以去其他区域担任角色。这天,某个娃娃家的爸爸诺米在工作结束后回到娃娃家,发现原本属于他的家里坐着另外一位爸爸淘淘。两人发生了冲突,并在游戏分享环节寻求教师的帮助。

游戏片段

老师:"你们游戏卡选的都是402吗?" ▎了解幼儿发生冲突的原因。

诺米:"我先选了402,我是家里的爸爸,但我还要去快递站上班,所以我又(把游戏卡)插到了快递站,但我下班还要回家的。"

淘淘:"我插游戏卡的时候,402就是空着的,所以我也选的是402。"

老师:"那怎样才能让别人知道自己是去上班了呢?" ▎以问题启发幼儿思考。

幼儿:"如果要去上班了,就告诉家里的妈妈,这样别的小朋友来家里的时候,妈妈就可以告诉他,爸爸是去上班了。"

老师:"妈妈告诉想进来当爸爸的小朋友家里已经有爸爸了,很好!那怎样才能让其他小朋友也知道呢?"

幼儿:"我爸爸上班的时候有一张工作卡,我觉得我们可以做一张工作卡,去工作的话,就插工作卡。"

老师:"你们想想,怎么制作工作卡呢?" ▎向幼儿提出挑战,促进幼儿迁移经验。

幼儿:"这个简单,我们在纸上写字,(到)快递站(工作)就写快递站。"

老师:"可是有的小朋友还不认识字,怎么办?" ▎引导幼儿思考制作大家都能看懂的"工作卡"的办法。

幼儿:"那就画画吧,比如快递站,我们可以画一个快递盒,这样大家就都认识了。"

幼儿跑去美工区,找到一张白色纸片,在白色纸片上画了一个快递盒的图案。

幼儿:"谁想去快递站上班,只要插上这个快递站的工作卡就可以啦!"

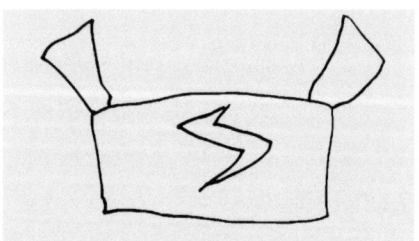

图1 幼儿用"快递盒"图案表示快递站的"工作卡"

老师:"除了快递站,还有哪些地方需要工作卡呢?" 　了解幼儿的游戏需要。
幼儿:"盖房子的建筑工地需要,因为我们可以去建筑工地打工。"
幼儿:"还可以去小店卖东西,小店需要工作卡。"
幼儿:"小舞台也需要,那里观看表演的观众很多,需要工作人员。"
老师:"那我们在工作卡上怎么区分这些不同的工作呢?" 　进一步细化新增的游戏内容及其要求。
幼儿:"建筑工地(的工作卡上)就画几块积木,小店(的)就画一个收银机,小舞台(的)画一个话筒。"
幼儿:"不同的工作还可以用不同颜色的纸画(工作卡),这样更容易区分。"

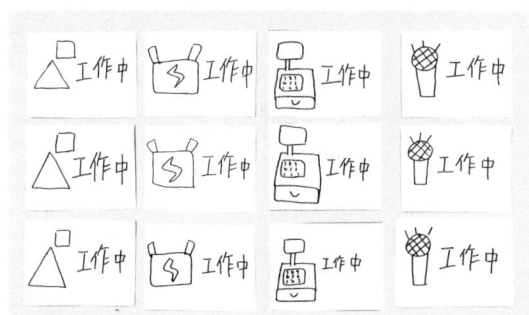

图2　幼儿按颜色分类制作的"工作卡"(图中4种工作分别用4种不同颜色的纸来画)

分析

从上述案例中,我们可以发现大班幼儿已经能觉察到父母承担的双重甚至多重角色,并自发地在角色游戏中学习扮演,但他们没有完全"去自我中心",主动站在别人的立场看待问题的能力有待进一步提高。在该案例中,教师基于娃娃家"爸爸"角色重复而产生冲突的问题,开启了与孩子们的聊天。

教师围绕"那怎样才能让别人知道自己是去上班了呢?"以及"那怎样才能让其他小朋友也知道呢?"两个问题,引发幼儿关注工作任务标志,鼓励幼儿大胆表达自己的想法,激活幼儿利用绘画做表征的经验来制作"工作卡"。

接着，教师在顺应幼儿经验的基础上，进一步关注"工作卡怎么制作"的问题，唤醒幼儿关于制作游戏牌的经验，引导幼儿迁移经验，思考制作大家都能看懂的"工作卡"。最后，教师还基于大班幼儿的能力，提出具有挑战性的问题："还有哪些地方需要工作卡呢？"启发幼儿从"工作卡"的图案、颜色等多个维度来为游戏角色做表征，引导幼儿关注游戏环境、细化游戏材料。整个过程中教师的提问层层递进，不仅助推了游戏情节的发展，还培养了幼儿发现问题并尝试解决问题、主动学习和积极建构经验的能力。

可见，幼儿在游戏过程中出现的冲突和问题都是丰富和发展游戏情节的契机。在上述案例中，教师基于幼儿的能力，针对幼儿在游戏中发生的角色冲突问题，巧妙地以"慢挤牙膏"的方式激活幼儿内隐的生活经验，将幼儿的零散经验加以整合，鼓励幼儿充分思考和提出解决问题的办法。最终幼儿在冲突中达成共识，形成了新的游戏经验，丰富了游戏情节，幼儿的综合能力也得到发展。

咳嗽怎么办　　　　　　　　　　　　大班　角色区

在"医院"游戏中，帆帆和七喜扮演医生。由于没有病人来看病，两个小朋友漫无目的地摆弄着材料。教师看到了他俩无所事事的状态，就扮演病人走进游戏区域，加入他们的游戏。

游戏片段

病人："医生，我有点咳嗽，怎么办呢？"　　　　*创设游戏情境，激发幼儿的游戏兴趣。*
帆帆医生："开药。"并给病人拿了一瓶药。
病人："医生，我怎么知道这是什么药呢？"　　　*启发幼儿给"药"做标记。*
帆帆医生："那我给你画一个吧。"
帆帆医生画了"一个小朋友在咳嗽"的标记，代表这瓶药是"咳嗽药"。他用简单的三条线代表咳嗽。旁边的七喜医生听到后，也画出了"发烧药"标记。

图1　"咳嗽药"标记　　图2　"发烧药"标记

病人："医生，这个药我回家以后怎么吃呀？"　　启发幼儿告知"药品"的用法和用量。

帆帆医生："吃两勺。"

病人："可以给我写上吗？"　　引导幼儿用符号表示"用药说明"。

帆帆医生又撕了一张小纸片，在上面写了一个数字"2"，表示一次吃两勺。

图3　帆帆用数字"2"表示药的用量

病人："医生，请问什么时候吃呢？是一次全部吃完吗？一天吃几次呢？"　　继续启发幼儿完善"用药说明"的细节。

帆帆医生没有动作。

病人继续追问："什么时候吃呀？早上？还是其他时候？"　　启发幼儿关注"药不能乱吃，要标明一天吃几次"等细节。

帆帆医生："一天三次，早上、中午、晚上（各一次）。"

病人："医生，可以给我写下来吗？"　　引导幼儿完善"用药说明"。

帆帆医生用"太阳刚出来""太阳高高挂在天上""月亮"三幅图分别表示早上、中午、晚上，代表早、中、晚各吃一次药。

图4 帆帆画的"太阳与月亮图"（右侧）

病人："这么多纸片贴在（药瓶）上面啊，有什么办法不要那么多纸呀？"

> 以问题让幼儿意识到关于"用药说明"的纸条太多，引导其思考如何在一张纸上清楚地标明"吃药"的时间和用量。

帆帆医生拿了一张小纸，他把用太阳和月亮表示的早、中、晚各吃一次和表示咳嗽的标记画在了一张纸上，又在纸张的右上角写了一个"2"表示一次吃两勺。

图5 帆帆在一张纸上清楚标示"吃药"的时间和用量

分析

在该案例中，教师观察到"医院"游戏里的两名幼儿出现了漫无目的、反复摆弄材料的行为，意识到这是主动发起聊天的适宜时机，于是扮作病人走进了游戏区域，激发幼儿进行游戏的兴趣。教师顺着幼儿的思路，巧问问题，像挤牙膏一样一点一点地引导，缓缓地调动幼儿的已有经验，让幼儿逐渐再现经验并积累新的经验。在整个聊天过程中，教师的提问都是在帮助幼儿回顾已有的生活经验，引导幼儿提取并迁移经验。

一开始，教师创设了自己因咳嗽去看病的情境，引导幼儿进入医生的游戏角色，在激发幼儿游戏兴趣的同时，也在唤醒幼儿关于咳嗽看病的生活经验。随后，教师不断基于幼儿的游戏行为以角色的语言与幼儿聊天，引导幼儿不断提取、调动已有经验并积累新经验：以问题"我怎么知道这是什么药呢？"引导幼儿提取生活中见过的药瓶上贴有纸、纸上有文字说明的经验，激发幼儿对不同的"药"进行标记的兴趣；以问题"这个药我回家以后怎么吃呀？"帮助幼儿提取生活中"医生开药都会写清一次吃多少"的经验，让幼儿意识到开"药"后需要告知"病人""药"的用法与用量；以问题"什么时候吃呀？早上？还是其他时候？"帮助幼儿提取"药不能乱吃，要标明一天吃几次"的经验，并引导幼儿尝试用绘画的方式完善"用药说明"；最后，以问题"有什么办法不要那么多纸呀？"让幼儿在一张纸上清楚地标示"咳嗽"标记、"吃药"的时间和用量，引导幼儿整合信息，帮助幼儿将前面提取到的零散的生活经验串联起来，进行经验的总结和梳理。

总之，教师以游戏角色的身份介入游戏，通过提问给幼儿造成认知、情感或能力方面的冲突，这便是促进幼儿提升经验的契机。因此，教师在游戏中和幼儿聊天，不是为了告知幼儿什么，让幼儿被动接受，而是站在幼儿经验的原点上，助推其经验的生长和学习能力的发展。

用的药和吃的药　　　　　　　　　　　　大班　角色区

幼儿最近很喜欢"医院"游戏。在近期的一次游戏中，教师发现扮演医生的幼儿拿着一盒药品，似乎在给扮演病人的幼儿开药。为了了解幼儿是如何开药的，教师扮演病人参与到幼儿的游戏中。

游戏片段

医生："你好，你哪里不舒服？"
病人："我有点头疼，全身疼。"
医生听完，转身就去药柜拿药。

病人:"你都没有给我检查就开药了?"   通过问题,将"先问诊再开药"的经
医生:"我给你听听吧!"   验传递给幼儿。

医生拿出听诊器放在病人胸前听听,问:"你阳(指感染新冠肺炎病毒,编者注。)过了吗?"

病人:"刚阳过。"

医生拿了一盒小朋友自制的药丸、药片,并将一片橘子皮放进药盒里,随即将药递给病人。

医生指着盒子里的药丸和药片说:"这个是吃的。"然后指着橘子皮说:"这个是用的。橘子皮可以用来洗手,对身体好。"

病人:"哦!用的药怎么和吃的药   设置问题情境,引导幼儿意识到"药物"
放在一起呢?"   不能混放,并思考如何将"药物"分开。

医生听后,将橘子皮拿出,用另一个盒子装好,并在盒子上分别画了一双手和一张嘴巴,然后都交给病人。

病人:"这是什么药?"

医生:"这是'用的药',这是'吃的药'。"

 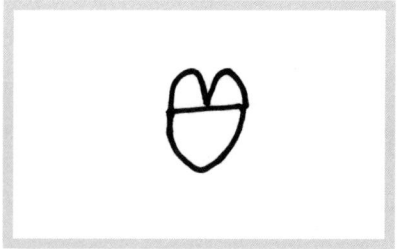

图1 以符号"手"代表"用的药"   图2 以符号"嘴巴"代表"吃的药"

病人:"这药我怎么吃呢?"   引导幼儿关注"药不能乱吃,要按说明吃"的细节。
医生:"早上1颗,晚上1颗。"

病人:"我记不住怎么办?你给我写   创设新的任务,引导幼儿用画画的方
下来吧。"   式展示"药品"的使用说明。

医生在"用的药"图上添画了"1太阳"表示白天用1遍,在"吃的药"图上添画了"1月亮"与"1太阳",表示晚上、早上各吃1颗。

图 3　以"1 太阳"代表白天用 1 遍　　图 4　以"1 月亮"与"1 太阳"代表晚上、早上各吃 1 颗

分析

此案例中，教师扮演的病人和幼儿扮演的医生是平等的关系，而不是教育者和受教育者的关系。这种关系的转化使幼儿可以毫无压力地呈现原有的经验，教师也能够更充分地观察和了解幼儿，并在此基础上寻找和幼儿聊天的话题切入点，以引导和促进幼儿经验的生长。

教师参与到幼儿的游戏中，巧妙地通过一步步的提问引导幼儿发现并解决问题，唤醒幼儿的日常生活经验，比如："你都没有给我检查就开药了？""哦！用的药怎么和吃的药放在一起呢？""这药我怎么吃呢？"随即幼儿逐步意识到看病需要先问诊再开药、不同的药要分开放、药不能乱吃、要按说明吃药等。《3—6 岁儿童学习与发展指南》中倡导各领域的渗透与整合，因此，教师顺水推舟提出"写下说明"的要求，一方面为幼儿创设了新的任务情境，促使幼儿通过绘画表示"药品"的使用说明，另一方面也充分调动幼儿关于日常生活中药品都有纸质使用说明的经验，不着痕迹地将健康与艺术两大领域的经验渗透并整合。

检查视力　　　　　　　　　　　　　大班　角色区

在前一天的"体检"游戏中出现了"检查视力"的游戏情节，幼儿尝试用记录单记录视力检查的结果。教师引导幼儿围绕检查视力的方法、视力情况记录单的内容、怎样辨别记录单中左眼和右眼的视力等进行了讨论。针对如何表现左眼和右眼的视力，幼儿讨论出很多方法，比如：在两只眼中圈出接受检查的那只眼睛；在眼睛旁边分别画朝左或朝右的箭头；在记录单上只画出接受检查的那只眼睛；一上一下地画眼睛（上面画一只，下面画一只）；等等。本次游戏开始前，为了再次了解幼儿检查视力的方

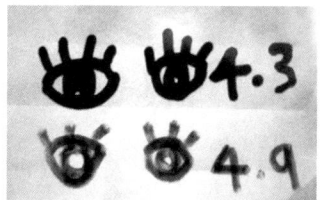

图1　视力情况记录单

法以及幼儿是如何表现左眼与右眼的，教师决定重点观察"体检"游戏。游戏开始后，教师看到扮演医生的幼儿自己布置游戏环境、准备材料，然后等待同伴的到来。教师在旁边观察了近5分钟，没有同伴来加入游戏，于是，教师扮演想检查视力的人加入游戏，与幼儿聊天。

游戏片段

老师："小医生好！你可以帮我检查视力吗？"

医生："可以。"

老师："怎么检查？"　　了解幼儿检查视力的方法。

医生："你用这个纸板挡住一只眼睛，只能用另一只眼睛看。我指着这个（视力表）上面的图，你看着这个图开口的方向，说上、下、左、右。"

教师按医生的指导，开始接受视力检查，先检查左眼。医生有序指着视力表上的图，从高到低、每排每个图都指，直到教师说看不见，最后得出教师左眼视力为4.5。医生用同样的方法检查教师的右眼，得出右眼视力也为4.5。随后，医生在纸上记录检查结果。

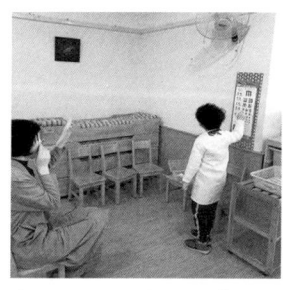
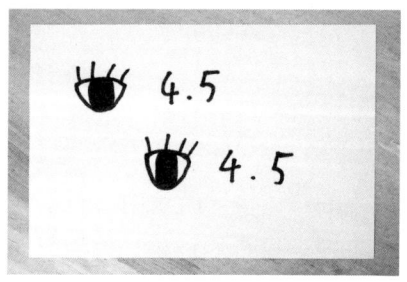

图2　幼儿给教师检查视力　　图3　幼儿记录的教师的视力数据

老师:"我怎么知道哪个是左眼视力,哪个是右眼视力?" 　　了解幼儿表现左、右眼视力的方法。

医生:"靠左边的是左眼的(用手指记录单上排的图案与数据),靠右边的是右眼的(用手指记录单下排的图案与数据)。"

老师:"我左眼的视力是 4.5,右眼的也是 4.5。那我的视力好不好?"

医生:"不好!要看到这里(用手指视力表最下面的一行)才是最好的。"

老师:"哦,我的视力不好。我要怎样保护我的视力呢?" 　　调动幼儿已有的经验,引发幼儿进一步思考。

医生:"不能看电视。不能在太强的光线下看书。"

老师:"哦,方法有点多,我记不住,怎么办?" 　　继续提问,鼓励幼儿以符号、绘画等方式来表现经验。

医生取来纸,开始画刚才说的方法。

老师:"还有什么好方法,可以保护视力?" 　　鼓励幼儿进一步思考并用语言、绘画等表现经验。

医生接着说,并画下来:"不能看电脑,晚上十点后要关电脑、睡觉(见图4序号③);不能躺在床上看书(见图4序号④);不能离书太近(见图4序号⑤)。"

老师:"我再在手机上查一查还有什么(保护视力的)方法。" 　　扩展幼儿对视力保护方法的经验。

老师用手机查阅,并将查阅到的内容读给医生听:"还要多吃胡萝卜。"

医生:"还要多吃青菜。"

医生在另一张纸上记录下这两个方法,教师也在上面写下医生画的图案所表示的内容。

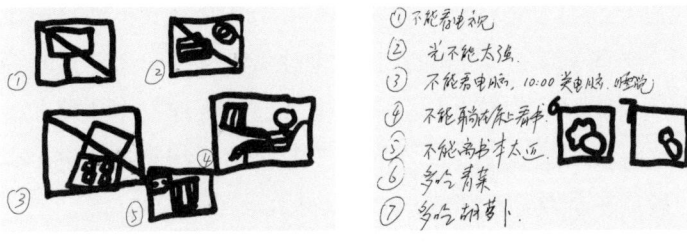

图 4　幼儿记录保护视力的方法　　图 5　教师用文字记录这些方法

分析

在该案例中，教师带着观察目的介入幼儿的游戏，巧问问题，了解幼儿对检查视力的已有经验及对左、右眼视力做表征的方式，并在幼儿经验的基础上拓展保护视力的方法，鼓励幼儿继续做表征，激活了幼儿关于测量视力、记录视力数据、记录保护视力的方法等一连串的经验，并帮助幼儿整合、提升。

教师通过问题"怎么检查？"了解到幼儿能用准确的语言描述检查视力的方法，且幼儿的操作熟练、有序，教师据此判断幼儿已经掌握了检查视力的方法。随后教师又提出问题"我怎么知道哪个是左眼视力，哪个是右眼视力？"根据幼儿的表述，判断该幼儿已经理解了之前师幼讨论中提及的如何让别人清楚地了解左、右眼的视力的问题。基于幼儿的已有经验和能力，教师再次以开放性问题"我要怎样保护我的视力呢？""哦，方法有点多，我记不住，怎么办？"引导幼儿思考保护视力的方法，并选择用合适的方式将方法表现出来。教师的提问将健康领域关于保护视力的学习内容与幼儿的游戏经验结合，不仅促进了游戏情节的发展，也将游戏与课程经验有机联结，培养了幼儿良好的学习习惯，提高了幼儿发现问题、解决问题的能力，助推了幼儿经验的整体生长。

飞机能不能开到小吃店　　　　大班　角色区

大班下学期，交通工具成为幼儿关注的焦点，"旅行团"成了幼儿热衷的游戏主题之一。随着游戏的开展，"坐大巴车旅行"的游戏情节已不足以满足幼儿的游戏需要，因节假日期间有些家长带幼儿乘坐飞机外出游玩，所以游戏中产生了"坐飞机旅行"的内容。幼儿对飞机这种交通工具的经验相对较少，且"坐飞机旅行"的游戏建立在"坐大巴车旅行"的基础上，所以游戏中出现了"飞行员带游客进游乐场游玩"，以及"飞机直接开进小吃店"的现象。于是，教师在游戏分享环节，组织幼儿开展了下面的讨论。

游戏片段

老师:"今天在游戏中有什么问题需要解决?" | 将话语权交予幼儿,鼓励幼儿说出游戏过程中出现的问题。

然然:"今天嘟嘟没付钱就带着游客进游乐场了。"

老师:"嘟嘟,你在游戏中扮演的是谁?"

嘟嘟:"飞行员。"

老师:"哦,带游客进游乐场玩,是导游的事还是飞行员的事?" | 引导幼儿回忆到游乐场游玩的经验。

众幼儿争执,有的说是导游,有的说是飞行员。

老师:"如果有旅行团到游乐场玩,是导游带游客进去玩还是飞行员带他们进去?" | 唤醒幼儿关于旅行团的经验。

辰辰:"导游。"

嘟嘟不同意大家的看法,进行辩解。

老师:"我们上次讨论过,飞行员、司机的工作是——" | 基于之前幼儿已经积累的经验,引导幼儿明晰飞行员与司机的工作职责。

幼儿:"开飞机、开汽车……"

老师:"是啊,他们是负责驾驶交通工具的,引导游客到哪里去玩是不是他们该干的事?" | 以问题将"带游客去哪里玩不是由飞行员和司机决定的"这个经验传递给幼儿。

骏骏:"不是。"

安静:"我今天坐飞机,好害怕哦!飞机太快了。"

轩轩:"飞机开得太快了,我说'慢一点!',那个飞行员说'飞机怎么能慢呢?'。"

众幼儿兴奋地讨论起来,在他们的心目中飞机是很快的。

老师:"今天我没有坐飞机,我在旁边看。导游说我们去小吃店啊,飞行员说好,飞机就开到小吃店里去了。我看到一个好大的飞机开进小吃店啦!哪些小朋友坐过飞机?来说说你坐飞机到哪里去了。" | 引导幼儿基于自身乘坐飞机的经验思考飞机能够到哪些地方去。

心心:"我坐飞机从南京到昆明,从昆明到西双版纳。"

老师:"哦!你们从昆明到西双版纳去玩,飞机跟着你们进到餐厅里了吗?" <以问题将"飞机不能飞到餐厅里去"的经验传递给幼儿。>

心心:"到飞机场,然后坐出租车到餐厅。"

老师:"哦,你们听到了吗?刚才他说得很清楚。飞机能不能直接开到小吃店?" <以问题帮助幼儿巩固刚刚获得的游戏经验——"飞机不能开到小吃店"。>

幼儿:"不能。"

老师:"我们听他说,到底是怎么样的。请把你刚才说的话再说一遍,有的人刚才没有听清楚。听好啊!"

心心:"我坐飞机的时候,从南京到昆明,从昆明到西双版纳。飞机全都是停在飞机场的,没有哪个飞机停到小吃店门口的。"

老师:"哦,那我下飞机后要去小吃店,要怎么办?" <引导幼儿根据自身经验说出下飞机后如何前往某个目的地。>

心心:"要坐出租车或公交车。"

老师:"哦,这样才能到你想去的地方。飞机能不能像大巴车一样随便停啊?" <将飞机与车辆进行类比,将"飞机不能随便停"的经验传递给幼儿。>

幼儿:"不能。"

老师:"你们有没有在马路上看到飞机停下来?" <将"飞机不能随便停"的经验与幼儿的日常生活相联系,从而加深幼儿对飞机特点的认知。>

幼儿:"没有。"

老师:"好。坐过飞机的小朋友再仔细想一下,爸爸妈妈带你们坐飞机的时候,飞机是停在哪里的。没有坐过飞机的小朋友,也可以回家去问问爸爸妈妈,飞机应该停在哪里。" <引导幼儿基于自身乘坐飞机的经验思考飞机应该停在哪里。>

分析

在"坐飞机旅行"游戏后的聊天中,教师选择了两个常识性问题,顺藤摸瓜,引导幼儿逐一讨论。问题一:"飞行员"是否应该带"游客"进"游乐场"。教师通过引起幼儿对"游乐场"和"旅行团"的回忆,让幼儿明确带领"游客"前往"游乐场"是"导游"的工作,带"游客"去哪里玩由"导游"而不是"飞行员"决定。问题二:"飞机"能不能开进小吃店。教师顺应幼儿对飞机的浓厚兴趣,唤醒幼儿乘坐飞机旅行的相关经验,让幼儿明白飞机只能停在飞机场,使幼儿进一步扩展了关于"飞机不能开到小吃店""飞机不能随便停"的经验。

大班幼儿有较强的语言表达能力,喜爱探究问题。在整个聊天过程中,教师承担着引导者的角色,在不破坏幼儿兴趣的前提下,让幼儿充分掌握聊天的自主权。幼儿跟随教师的指引,一步一步地唤醒已有的生活与游戏经验,在"最近发展区"内不断探索,解决问题,并获得新经验。《3—6岁儿童学习与发展指南》中指出"幼儿在活动过程中表现出的积极态度和良好行为倾向是终身学习与发展所必需的宝贵品质",教师也应"充分尊重和保护幼儿的好奇心和学习兴趣"。因此,活动过程中教师不急于将更多的知识传递给幼儿,而是给予他们充分的探索机会,让他们自主寻求问题的答案,一方面使幼儿在探究的过程中体验发现与解决问题的成就感,激发幼儿的探索欲与自主性,从而培养幼儿良好的学习品质与学习习惯;另一方面也适宜地承接下一次游戏之后的讨论,让幼儿有机连接从每一次聊天中获得的经验,帮助幼儿扩展、加深对相关经验的认知与理解。

烧烤架的那些事儿　　　　　　　大班　角色区

最近烧烤流行,带动了吃烧烤的风潮,有些幼儿的爸爸妈妈经常带幼儿前往各种网红烧烤店"打卡",幼儿对烧烤的兴趣日渐浓厚,于是他们准备在班级中开一个"烧烤店"。在游戏活动开展之前,幼儿和他们的爸爸妈妈一起进行了探店行动,观察烧烤店工作人员的职责分工和开烧烤店需要的硬件设施,为在幼儿园开展"烧烤店"游戏做好前期经验储备。游戏初期,幼儿用积木拼搭出一个烧烤架,但发现它太容易倒了,"烤串"总是撒落一地,于是他们决定更换一个更为牢固的"烤架"。幼儿基于对真实烧烤架的观察经验,改用一个快递盒作为烧烤架,并在上面添加了"铁丝网"。一个"纸箱烧烤架"在幼儿的共同努力下完成了,他们也正式开始了"烧烤店"游戏的奇妙旅程。由于这是新游戏,教师注意观察游戏的进展情况,并在幼儿遇到问题或者需要协助时和幼儿聊天,帮助幼儿梳理经验,推动游戏发展。

游戏片段一:顾客太多,烤不过来怎么办

乐乐:"老师,我等了很久了,就是不给我烤串,我快气死了!"

老师:"为什么不给你烤串呢?" 〔了解幼儿遇到问题的原因。〕

乐乐:"不知道。我一直站在睿睿旁边,我说要烤2串土豆,他就是不理我,也不给我烤,一直在忙其他小朋友的烤串!"

睿睿:"顾客太多了,架子上只能放那么多烤串,放多了也烤不熟呀!他要排队才行!"

图1 "烧烤架"上放了很多"烤串"

老师:"你们家生意真好,要买烧烤的客人太多啦!怎样才能让每个客人都满意呢?" 〔引导幼儿思考如何解决烧烤店"客人"太多、"工作人员"忙不过来的问题。〕

可可:"我们可以多做几个烧烤架,这样就能烤出更多的食物了。"

睿睿:"好是好,但桌子上放不下这么多烧烤架呀!"

老师:"那怎么办?有什么好办法能让这里放下更多的烤架呢?" 〔鼓励幼儿进一步思考在同一空间如何摆放更多的"烧烤架"。〕

可可:"我妈妈放棉被的收纳箱是一个一个叠上去的,我们可以做一个多层的烧烤架呀!"

睿睿："就像我的积木展示盒一样，也是一层一层叠上去的，妈妈告诉我这样可以节省空间。我们可以再做一个纸盒烧烤架，把它们上下叠放在一起就行啦！"

老师："你们太有创意啦，赶紧试一试吧！" 肯定幼儿的想法，鼓励幼儿动手操作。

图 2 幼儿制作的"多层烧烤架"

游戏片段二：顾客太多，烧烤店容纳不下

老师："睿睿，你们烧烤店生意那么好，今天怎么关店啦？" 向幼儿了解烧烤店生意好却闭店的原因。

睿睿："就是人太多，经常有客人的盘子翻掉，座位也不够用，他们总是吵架，太烦人了！"

奇奇："地方太小了，走路会碰着。"

可可："座位也不够，天天站在桌旁等，等太久了，就和吃烧烤的——吵了起来！"

睿睿："他们就会吵架，我都不想开（店）了。"

老师："我们到餐厅吃饭时，大家是怎么样的？" 唤醒幼儿关于去餐厅吃饭时要保持秩序、依次候餐的生活经验。

睿睿："餐厅里面都没有像我们烧烤店这么挤，每个人都有座位。"

老师："为什么每个人都有座位呢？" 引导幼儿回忆当顾客较多时，餐厅会通过叫号的方式维持秩序。

可可："餐厅人多了就不让进了，要在门口等一等！"

彤彤："这个我知道，周末妈妈带我去大排档的时候，人就特别多，服务员叔叔没有让我们立刻进去，就给妈妈发了一个号码，并告诉我们，等喊到我们的号码时，我们才能进去吃饭。"

睿睿："彤彤，我们可以先发号码，被叫了号码的人才可以进店吃烧烤！"

可可："这个办法太好了！我来写号码！"

可可立即找来了纸张，剪成小份，制作了1-10的叫号牌。游戏继续进行。但是店内的幼儿"吃"得很慢，在外等候的幼儿不耐烦了，催促里面的幼儿吃快一些。烧烤店里又吵闹起来。

亮亮大吼："怎么这么久？我都要等疯了！"

老师："亮亮，你怎么啦？" _{了解幼儿不高兴的原因。}

亮亮："我是10号，现在才叫到5号。再等下去游戏时间都结束了，我不想在这里等了！"

老师（问可可）："怎样才能让等待区的小朋友也满意呢？" _{引导幼儿想办法解决排队等待时间过长的问题。}

可可："我下次可以少发一点叫号牌。"

彤彤："我记得我等待叫号的时候，旁边还有餐厅准备的糖果。"

可可："我们也可以放一些玩具，他们可以边玩边等，就不会那么着急啦！"

幼儿取来了图书和魔方玩具，将它们放在等待区。通过多次游戏，幼儿调整了叫号牌的数量，即在小餐桌坐满的情况下，发三张叫号牌，让三个顾客在等待区等待。烧烤店变得井井有条起来。

游戏片段三：还是有些小朋友吃不到烧烤，怎么办

老师："烧烤店现在大家都满意吧？" _{了解不同幼儿对游戏的看法，启发幼儿对游戏进行反思。}

可可："嗯，大家不挤了，也不吵了。"

睿睿："有些小朋友看见没号就走了，也没有吃到烧烤。"

老师："那他们为什么没有吃上呢？" _{引导幼儿思考和讨论"顾客"没有吃上"烧烤"的原因。}

可可："里面的小朋友吃得太慢了！"

睿睿："里面能放的桌子太少了。"

奇奇："睿睿，我们今天把烧烤店开到外面去吧！前几天，我就和爸爸妈妈去农家乐吃了户外烧烤，那里放了一张长桌子，能坐好多人呢，特别好玩！"

睿睿："好呀，外面地方大，来很多客人都不会挤，还都能吃到。"

老师："这样的方式很有趣呢！那么，开户外烧烤店我们应该准备些什么？" <!-- 引导幼儿思考户外烧烤店的准备事宜。 -->

睿睿："要烧烤架、餐桌、餐椅、收银台，还要放盘子和烤串的柜子！"

可可："太多了，怎么拿呀！"

奇奇："东西放柜子里会坏掉的，而且放一起很乱，还要整理。餐桌也太重了！"

老师："你们还有没有更方便的办法？" <!-- 引导幼儿思考更可行的解决问题的办法。 -->

可可："那我们可以直接用外面的东西来开烧烤店呀！走平衡的架子可以做餐桌。"

睿睿："轮胎可以当座椅。"

可可："积木架倒下来就可以当烧烤架啦！"

可可："大型的清水积木可以用来搭建一个漂亮的店门，吸引大家都来吃烧烤。我们再捡一些树枝，串上不同的树叶当烤串！"

老师："你们说得太棒啦！可以把精彩的想法用自己喜欢的方式记录下来，打造一个全新的烧烤店！" <!-- 肯定幼儿的想法，鼓励幼儿记录自己的想法。 -->

随后，幼儿绘制了户外烧烤店的图纸，并用多种材料搭建了收银台、烧烤区、就餐区。

图3 户外烧烤店设计图

图4 "收银台"

图 5 "烧烤区"　　　　　图 6 "就餐区"

分析

此案例中，新游戏"烧烤店"在开展过程中遇到了一系列困难，比如"烧烤架"放不下太多的"烤串"、店面小容纳不了太多"顾客"等。这些难题都是推进幼儿游戏与促进幼儿经验发展的契机。考虑到大班幼儿语言表达能力的提高，以及"活动时能与同伴分工合作，遇到困难能一起克服"的发展目标，教师在面对这些教育机会时，基于幼儿遇到的问题或兴趣，以提问的方式将问题不断抛给幼儿，慢引幼儿的生活经验，促进幼儿在讨论中不断思考、相互启发，在思维的碰撞中发现问题、探索问题并逐步解决问题。

比如，教师捕捉到"客人多而烤架小，无法烤更多烤串"的问题，通过开放性提问激发幼儿思考、讨论、共享相关生活经验，获得"叠放可以充分利用空间"的经验。比如，当发现"客人太多，导致需求得不到满足，客人之间总是吵架"这个问题后，教师调动幼儿关于餐厅发放叫号牌、顾客凭叫号牌排队等待等生活经验，促使游戏产生了"发放叫号牌"的情节，随后幼儿不断调整叫号牌的数量来安排合适的等待人数，控制烧烤店的客流。再比如，在幼儿想把烧烤店开在户外时，教师支持幼儿的想法，并启发幼儿思考需准备的材料与工具。教师通过问题引发幼儿的"头脑风暴"，引导幼儿合理选择材料、设置户外烧烤店场地。

总之，教师通过反抛问题启发幼儿思考，引发幼儿同伴之间展开讨论，唤醒幼儿的相关经验，推动游戏往更丰富、更深入的层次发展。教师通过不断提问，让幼儿讲述事件，分析问题发生的原因并积极思考，勇于尝试和创新。在此过程中，幼儿是游戏的主人，他们主动地学习和积累经验，在游戏中享受不断思考、不断创新带来的快乐。

奶茶店的小烦恼 　　大班　角色区

"奶茶店"游戏自出现开始便一直是小朋友们非常喜欢的角色游戏之一。进入大班后，小朋友们自发收集了各种奶茶杯、吸管、杯托等材料，并使用彩色纸屑、绒球、毛线等材料制作了各种口味的奶茶，但是长期单一的买卖形式让顾客失去了兴趣。为了帮助奶茶店解决这个小烦恼，教师扮演顾客参与到游戏中，与幼儿进行聊天。

游戏片段一：奶茶店里没有客人怎么办

顾客："老板，来杯奶茶！"

老板："好的！"

老板转身从货架上拿了一杯现成的奶茶，往桌上一放。

老板："10块！"

顾客："我不喜欢这个口味的奶茶。"　　｜唤醒幼儿的生活经验，同时将"点单"的经验传递给幼儿。

老板："那你要什么口味呢？"

顾客："我想要一杯芒果啵啵！"

老板："10块！"

顾客："广告牌上面不是8块吗？"　　｜了解幼儿改价的原因。

老板看了看广告牌，说："那是昨天的价格，今天涨价了！"

顾客："但是我今天看到的还是这个价格，怎么办？"　　｜抓住幼儿的"经验漏洞"，了解幼儿解决问题的办法。

老板："那就8块吧！因为很久没有客人来了，所以就没有换广告牌了。"

顾客："为什么没有客人来呢？"　　｜顺应幼儿的话题，引导幼儿思考没有"客人"的原因。

老板思索片刻，没有回答。

员工："大概是喝多了，不好喝了吧。"

顾客："那怎样才能有好喝的饮料呢？" ｜启发幼儿迁移已有的生活经验解决问题。

老板："我们可以推出新口味！我家旁边的奶茶店就推出新口味了，我喝过，特别好喝，好喝得不得了。"

顾客："你们有什么新口味吗？"

员工："有！桑葚果茶。"

顾客："桑葚果茶好喝吗？"

员工："很好喝，你尝尝！"

顾客："嗯，很好喝。你们怎么让所有顾客都知道有新品推出了呢？" ｜提出问题，引导幼儿思考。

老板："我可以画一个广告牌，这样顾客一看就知道了！"

员工："我马上弄！可是我不会写字，怎么办？"

老板："你可以画出来。"

员工拿了一张小纸，在纸上画了一杯奶茶。

老板："涂上紫色，这样别人就知道是桑葚果茶了。"

员工："那葡萄还是紫的呢！"

老板："那怎么办呢？葡萄是紫色的，桑葚也是紫色的，别人怎么知道这是新品呢？"

顾客："除了用颜色，还可以用什么表现桑葚呢？" ｜启发幼儿思考新的表现方式。

员工："我可以在旁边画一个（条）蚕宝宝，这样别人就知道是桑葚了。"

图1　幼儿画好的桑葚果茶广告牌

顾客："真是个好主意！多少钱一杯呢？"

老板："以前都是10块，太贵了没人买，我们便宜一点吧！"

员工："那就6块钱一杯，10块钱两杯。"

顾客："你们怎么让别人知道奶茶便宜了呢？"

> 引导幼儿迁移关于日常生活中店铺促销宣传的经验。

老板："我们可以用喇叭喊！"

员工："那我们也没有喇叭呀！"

老板："老师有'小蜜蜂'（扩音器），我们可以问老师借！老师，你可以把'小蜜蜂'借给我们吗？"

顾客："当然可以。"

在顾客的帮助下，老板学习了打开和使用"小蜜蜂"的方法。老板站在奶茶店的门口大声地说："瞧一瞧，看一看！今天推出新品桑葚果茶啦，6元一杯，10元两杯！仅限今天一天啦！大家快来购买品尝啦！"使用"小蜜蜂"呼喊后，全班幼儿顿时被吸引，大家纷纷来到奶茶店门口排队购买。

通过宣传，奶茶店的顾客一下子多了起来，工作人员甜甜和乐乐跑来找教师诉说：顾客太多，以至于他们排队时总是出现拥挤、吵架等问题。于是教师再次与幼儿聊起来。

游戏片段二：顾客太多怎么办

老师："有什么办法可以解决顾客太多造成的混乱和拥挤问题呢？"

> 帮助幼儿聚焦游戏中的问题，引发幼儿思考解决办法。

甜甜："我也不知道。"

乐乐："我妈妈都是在手机上点奶茶的，直接送到家，都不要排队。"

甜甜："那我们也可以在手机上点餐。"

老师："你们没有真的手机，客人买了你们也不知道啊！"

乐乐："对哦，那怎么办呢？"

甜甜："我想到一个好办法！我多做一点宣传册，在奶茶后面画上框框，把它们送到每一家，他们选好后，在后面

图2 幼儿制作的"奶茶宣传册"兼"订单"

的框里画个勾，这样我们就能（根据订单）把他们想要的奶茶做好，再送到客人家里。这样不用排队，客人也不会吵起来了。"

老师："你可以去试一试。"　　肯定幼儿的想法，鼓励幼儿大胆尝试。

分析

该案例中，围绕"奶茶店"游戏中出现的多种问题，教师不断以问题巧连幼儿已有的关于奶茶店的生活经验，比如奶茶店会让顾客点单、会推出新品、会降价促销、会进行广告宣传、存在外卖服务等，鼓励幼儿将这些经验迁移到游戏中，逐一解决问题，促进幼儿新经验的生成。

教师是如何不断用问题连接幼儿已有的生活经验的呢？

首先，捕捉幼儿当前游戏经验和已有游戏经验间的"漏洞"，唤醒幼儿关于顾客点单、合理定价的经验。由于幼儿已适应常规的游戏玩法，习惯性地忽略"顾客"的需求，于是教师用"我不喜欢这个口味的奶茶"否定了幼儿直接拿出现成的"奶茶"给"顾客"的做法，助推新游戏情节的生发。随后针对幼儿报的价格与广告牌上的不一致的问题询问幼儿改价的原因，引导幼儿拿出解决问题的办法。

其次，教师顺应幼儿的话题，以问题激活幼儿关于现实生活中的商家采用多种形式吸引顾客的经验，推动幼儿"研发奶茶新品"并进行促销、宣传，即推动新游戏情节的产生。教师先后以"那怎样才能有好喝的饮料呢？""你们怎么让所有顾客都知道有新品推出了呢？""除了用颜色，还可以用什么表现桑葚呢？""多少钱一杯呢？""你们怎么让别人知道奶茶便宜了呢？"等问题一步一步启发幼儿迁移已有的生活经验，激发幼儿生成、获得新的游戏经验。面对生意火爆后出现的拥挤、混乱等新情况，教师又以开放性问题"有什么办法可以解决顾客太多造成的混乱和拥挤问题呢？"启发幼儿思考，从而推动"提供点单与外卖服务"这个新游戏情节的产生。

扫码买花

> 大班　角色区

今天教研组的教师来看幼儿游戏，观察到花店的顾客直接用"钱"或去小银行取"钱"再买花，出于好奇，一名教师扮作顾客加入了他们的游戏。

游戏片段

顾客："你们花店里的花好漂亮啊！我想买一束花。"

店员："你取钱了吗？你可以先去银行取钱再来买哦。"

顾客："我没有银行卡，取不了钱，但是我的手机里有钱。"

> 了解幼儿关于扫码支付的经验。

店员："那你可以扫码支付啊！"

顾客："在哪儿扫码啊？"

店员："我去画个二维码给你扫。你等一下，别走哦！我马上就画好了。"

> 继续了解幼儿关于扫码支付的经验，同时引导幼儿意识到没有付款二维码的问题。

不一会儿，店员画好了二维码，又用剪刀把周围修剪了一下。

图1　幼儿画好的收款二维码

店员："现在你可以扫码了！"

顾客："要是其他客人也来买花，不知道可以用手机扫码支付，怎么办呢？"

> 引导幼儿思考如何让手机支付流程更完整。

店员："我可以拿给他扫呀！"

顾客："你还要忙着包花，一直把它（二维码）拿在手里，多不方便呀！"

店员回头对着店里四处打量,最后目光落在了花店的门头上,她从操作台拿来了胶带,踮起脚尖,将二维码贴在了门头下方。

图2　幼儿将"收款二维码"贴起来

店员:"现在大家都能看见我们店的二维码了!"

顾客:"如果下雨了,怎么办呢?"

店员又将二维码移到了淋不到雨的柱子上,笑着对顾客说:"现在就不怕下雨了!"

顾客:"我的手机没电了,怎么办呢?" ▎设置"手机没电"的新难题,引导幼儿主动解决问题。

店员:"你可以用充电宝啊。"

顾客:"可是我没带充电宝,怎么办呢?" ▎启发幼儿思考解决问题的办法。

店员:"那我来做个充电宝给你充吧!你等一下!"

她拿起面前绿色的包花纸,剪下一块长方形纸片,接着又拿了一张白纸剪出了一条细长的纸条,把它贴在了绿色长方形纸上,作为充电宝的电线,然后将充电线朝下贴在了门头下的柱子上。

店员一边指着充电宝一边向顾客介绍:"你可以用这个充电宝充电,把手机连在白色的线上就行了!"

顾客:"谢谢你的充电宝。但是这个线朝下,我的手机要倒过来充,有点不方便!" ▎提醒幼儿注意"充电线"的位置不利于"客人"使用的问题。

店员:"我重新贴一下,让线朝上就可以了。"

图3 幼儿做好的"充电宝"

分析

该案例中,教师基于幼儿的经验与能力,不断抛出与手机支付相关的问题,以了解幼儿所拥有的相关经验。幼儿则以积极的态度主动思考,调整自己的游戏行为,从而轻松化解教师的每次挑战。

游戏伊始,教师听取幼儿"先取钱再买花"的建议,以"我没有银行卡,取不了钱,但是我的手机里有钱"试探、了解幼儿关于手机支付的经验。看到幼儿不假思索地回应可以用手机支付,教师判断该幼儿对此是有经验的,随后借助"在哪儿扫码啊?""要是其他客人也来买花,不知道可以用手机扫码支付,怎么办呢?""如果下雨了,怎么办呢?""我的手机没电了,怎么办呢?""可是我没带充电宝,怎么办呢?""谢谢你的充电宝。但是这个线朝下,我的手机要倒过来充,有点不方便!"等一系列问题,挑战幼儿的能力,了解、唤醒、丰富幼儿关于手机支付和充电宝的经验。面对教师发出的挑战,幼儿先后以提供"二维码"、将"二维码"张贴在淋不到雨的地方、制作"充电宝"并调整"充电线"的方向等行为化解难题。就在不间断的接到问题、思考问题、解决问题的过程中,幼儿拓展了关于支付方式的经验,获得除了用钱支付还可以使用手机支付、手机支付需使用二维码、二维码需方便别人看到、提供充电宝便于顾客使用手机支付等一系列经验。

此案例中,教师就是通过聊天了解幼儿的经验起点,并基于幼儿的经验和能力不断设置一个一个小的游戏冲突，刺激幼儿对已有生活经验进行回忆与迁移运用，促进幼儿积极思考，及时调整对策，在游戏过程中体验成功解决问题的愉悦。

拍 2 吋照 　　　　　　　　　　　　大班　角色区

"照相馆"游戏开业啦，为了解游戏的开展情况，教师对游戏进行了观察，发现老板一直在摆弄照相机，员工则一直在整理画像台，于是，教师以顾客的身份参与游戏，和幼儿进行聊天。

游戏片段

顾客："有没有人在呀？我要照相。" 〔提出"拍照需求"，激发幼儿的游戏兴趣。〕

老板："嗯，来吧。"

说完，他站起身用手指了指顾客应坐的位置，拿着相机就准备拍照。

顾客："你知道我想拍什么样的照片吗？" 〔以提问的方式提醒幼儿"拍照"前要征询"顾客"的意见。〕

老板："对哦。请问你要拍什么样的照片？"

顾客边指一旁衣帽柜上面的 2 吋照片边说："我要拍证件照，可以贴到柜子上的那种。"

老板边拿起相机边说："嗯，好的，你站好。"

顾客："我看其他照相馆里有化妆的，可以打扮得美美的再拍照片，你这里有吗？" 〔以具有挑战性的游戏内容启发幼儿生发新的游戏经验。〕

员工："哦，有的，你等一下。"

员工跑到表演区借来了一些化妆品和装饰品，随后牵着顾客的手走到化妆镜前，给顾客打扮一番。

老板："妆化好了，我们来拍照吧！"

顾客："老板，你要帮我多拍几张哦，我要选出最好看的一张。"

老板："好的，你放心吧。"

老板："拍好了。"

顾客："照片什么时候可以取？" <!-- 提醒幼儿"拍照"后要告知"顾客"取"照片"的时间。 -->

老板询问了员工后，回答道："10分钟后。"

顾客："好的。"

10分钟过去了，顾客观察到负责洗照片的员工在绘制照片。

顾客："老板，我的照片好了没呀？"

老板："嗯，给你，你的照片好了。"

图1 幼儿第一次"拍"的照片

顾客："呀，你这个照片我不太满意！"

老板："怎么了？"

顾客再次指向衣帽柜上的证件照："我要的是证件照，你看看你们拍的照片，都拍到我的腿了，而且我的身子还歪着，感觉很不开心呢。" <!-- 设置问题情境，引导幼儿关注2寸照拍摄的要点：要让"顾客"端正身体、面带微笑，拍摄范围从肩膀处往上即可。 -->

老板比较了衣帽柜上的照片和自己拍出来的照片，思考了一下："嗯，不好意思，我来重新给你拍，这次包你满意哦！"

顾客："你记得我想拍什么样的照片吧？" <!-- 帮助幼儿巩固对2寸照拍摄要点的认知。 -->

老板："就是把肩膀以上的部分拍出来，

身体也要坐直，而且脸上要带着微笑。"

顾客："嗯嗯，好的，那咱们开拍吧！"

老板："好了，这次拍的肯定好，你再等10分钟。"

顾客："真的吗？你确定等会儿我拿到的照片一定和我想要的一模一样？"

老板："嗯……"

老板想了想，接着说："我会和画（洗）照片的人再说一遍你的要求的，你放心吧！"

老板对员工说："你制作照片时记得要按照顾客的要求来，他要的是证件照，需要身体坐直，露出肩膀以上就可以，记得给他制作面带微笑的照片。"

员工："嗯，这次我知道怎么制作了，放心！"

顾客："老板，我的照片好了吗？"

老板："嗯，好了，可以取了，包你满意哦！"

图2　幼儿第二次"拍"的照片

顾客："哇，这次拍摄的我很满意！谢谢！"

老板："欢迎下次再来哦。"

分析

该案例中，教师以顾客的身份加入游戏，在了解幼儿原有游戏经验的基础上，通过提问，像挤牙膏似的试探、挖掘、串联幼儿关于照相的经验，如拍照前让顾客选款、给顾客化妆、关注拍摄注意事项、告知顾客取片时间、与洗片人员沟通等。这样的聊天促进新的游戏情节生成，同时促进幼儿形成完整的游戏经验，发展幼儿解决问题的能力。

首先，教师巧问问题，挖掘幼儿对拍照的相关经验。教师以需要拍照为理由进入游戏，从幼儿直接请教师坐下并准备"拍摄"的行为了解到当前该游戏的内容较为单一，于是，先以方向性问题"你知道我想拍什么样的照片吗？"提示幼儿要关注"顾客""拍照"的需求，"拍照"前要征询"顾客"的想法，帮助幼儿明确拍照的程序。随后以挑战性问题"我看其他照相馆里有化妆的，可以打扮得美美的再拍照片，你这里有吗？"启发幼儿生发"给顾客化妆"的新游戏内容，丰富幼儿的游戏经验。

其次，教师创设问题情境，引导幼儿关注"拍照"时的注意事项，弥补幼儿"拍照"经验上的"漏洞"。一开始，教师有意识地选择了"拍摄"2 时照片，引导幼儿观察实物照片。取"照片"环节，教师故意表达不满，指出幼儿"拍摄"的照片存在的问题——"我要的是证件照，你看看你们拍的片，都拍到我的腿了，而且我的身子还歪着，感觉很不开心呢"，再次引导幼儿观察对比衣帽柜上的 2 时照与自己"拍摄"的照片之间的不同之处，从而让幼儿明晰"拍摄"2 时照的要点——要让"顾客"端正身体、面带微笑；拍摄范围在肩膀以上——帮助幼儿积累关于拍 2 时照的新经验。

饰品店　　　　　　　　　　　　　　　　　大班　角色区

最近"饰品店"游戏的生意非常火爆，每个小女孩手上、头上都戴着各种各样的饰品，越来越多的幼儿被吸引过去，有的幼儿一次购买了好几套，但是购买到手后分不清包装中所装的物品。为了了解饰品店生意火爆的原因并帮助顾客解决无法区分包装袋内的饰品的问题，教师以顾客的身份走进饰品店，并与扮演老板的幼儿聊天。

游戏片段

老板："你好！请问你需要什么？"

顾客:"我想要买一套首饰。"

老板:"你想要什么样子的?我们这有不同花纹、不同颜色的。"

顾客:"可以把它们都拿出来给我看看吗?"

老板拿出两套不同花纹和颜色的饰品套装。

图1 幼儿展示"饰品"套装

顾客:"你可以给我介绍一下吗?" _{了解并调动幼儿关于饰品的经验。}

老板:"你看,这套花花系列的套装,它的颜色非常好看、大气,上面还有美丽的花朵,可以搭配漂亮的小裙子,上班时戴很不错。还有一套是比较可爱的,适合外出游玩时戴。"

顾客:"老板,你介绍得真详细,请问花花系列的多少钱呀?" _{了解幼儿是否明晰"商品"的价格。}

老板:"花花系列一套是10块钱。"

顾客:"这套可爱的呢?"

老板:"也是10块钱。"

顾客:"有点贵呢,我想买两套,可以便宜点吗?" _{了解幼儿是否具有降价促销的经验。}

老板:"呃……那这样吧,今天有活动,你付15块钱就可以买两套。"

顾客:"太好啦,那我就要两套,我要一套花花系列的、一套可爱系列的。"

老板:"好的,请问你是付现金还是(用)微信、支付宝(支付)?"

顾客:"我付现金吧。"

老板:"好的,我去给你装起来,你等一下。"

顾客:"老板,包好看一点哦,我需要送人的。"

老板:"好的,马上就好。"

不一会儿,饰品包好了,老板将两个包装袋递给了顾客。

顾客:"老板,两个包装包得一样,我怎么知道里面是哪一套呀?我是要送给两个人的。" <!-- 通过提问鼓励幼儿想办法在包装上做出区分。 -->

老板:"我想一想哦,我在袋子上系上不同颜色的绳子,你看可以吗?"

顾客:"可是我怕我忘记呢,有没有什么办法能让我很快区分出来呢?" <!-- 鼓励幼儿进一步思考能让"顾客"更便捷地区分"商品"的方法。 -->

老板:"嗯,我再想想啊。"

老板和同伴讨论了一会儿,转头对顾客说:"我来给你画上标记吧。"

老板在花花系列饰品的袋子上画了一条花花的项链,在可爱系列饰品的袋子上画了一个可爱的表情。

图 2　花花系列"饰品"的标记　　图 3　可爱系列"饰品"的标记

分析

该案例中,教师根据幼儿的原有经验,激发幼儿提取日常生活中的经验,将询问"顾客"需求、介绍"商品"、卖出"商品"并"收款"、包装"商品"等经验串联起来,帮助幼儿形成完整的游戏经验。

首先,教师通过聊天了解幼儿的经验水平。在与幼儿聊天的过程中,教师发现该幼儿能从花纹和颜色的角度向"顾客"介绍"饰品"的样式,还能向"顾客"提出服装搭配建议,在"顾客"提出"商品"价格高这个问题时,幼儿能迅速反应并给出优惠,这应该就是饰品店生意火爆的原因,从中可以看出该幼儿的游戏水平相对较高了。

其次，教师设置问题情境，帮助幼儿延伸现有的经验。在幼儿给"饰品"打包后，教师指出自己发现的问题：不同的"饰品"有着相同的包装，"顾客"无法区分。于是教师抓住幼儿这一经验上的"漏洞"，创设问题情境——"两个包装包得一样，我怎么知道里面是哪一套呀？"鼓励幼儿思考解决问题的办法。在教师提出"能让我很快区分出来"的要求下，幼儿的办法从"系上不同颜色的绳子"转为"在包装袋上绘制标记"。由此可见，适宜的提问既能丰富游戏的情节，也能帮助幼儿将已有的经验提取出来，并不断进行丰富与延伸。

穿不过去的电线　　　　　　大班　建构区

主题活动"我们的社区"开展的一个多月中，幼儿在游戏中搭建了许多设施，有立体停车场、游泳池、围墙……最近几天，现场又多了许多纵向间隔摆放的长纸筒，幼儿介绍说这些是电线杆，他们在给社区通电。带着好奇，教师走进了施工现场。

游戏开始后，幼儿给电线杆装电线。凡凡从材料区找到一根长长的咖啡色丝带，想把它作为电线。他半蹲下身子，一只眼睛闭着，一只眼睛看着纸筒中心的孔，将丝带的一头努力往纸筒里塞。他试着将丝带穿过纸筒，努力了五六分钟后，丝带却只钻进去一截，后面再也进不去了。

图1 "电线杆"施工现场

游戏片段

老师："咦，丝带为什么穿不过去呢？" 　引导幼儿探寻原因。

牛牛："纸筒太长了，他的胳膊不够长。"

凡凡："丝带太软了，我往里面戳，但是它不往前走。"

老师："那有什么办法能让丝带往前走呢？" 　启发幼儿迁移已有经验，想办法解决问题。

凡凡："我在这头放丝带，牛牛到那头接，

我们俩都把手伸到纸筒里。"

牛牛："不行，两个人的胳膊加起来还是不够长。"

老师："有没有什么工具能帮忙？" _{顺应幼儿用胳膊牵引丝带的想法，以方向性问题引导幼儿关注其他工具。}

凡凡："用竹竿，竹竿很长。"

牛牛："树枝也可以。"

凡凡从材料区拿来一根长树枝。

老师："哇，这么长的树枝，可以吗？"

凡凡："应该可以吧，比我胳膊长多了。我用树枝把绳子顶过去。"

他把树枝插入纸筒，将停在纸筒中间的丝带头向前戳，但由于丝带较细，树枝总是戳不准。

牛牛："这样不行，把树枝和丝带粘在一起才行。"

老师："除了用粘的方法，还有没有别的好方法呢？" _{引导幼儿迁移、运用捆绑打结的经验。}

凡凡："那我们把丝带绑到树枝上。"

他迅速将纸筒中间的丝带抽出来，将丝带系在树枝的一头，然后用树枝轻松地将丝带穿过纸筒。用同样的方法，他们又将丝带穿过竖着的两个纸筒。

分析

该案例中，幼儿在"给电线杆装电线"时遇到了"电线"穿不过纸筒的问题，教师以"无为""不教"的智慧，基于幼儿的现实问题巧设疑问，抓住幼儿经验的"漏洞"，以不同形式的问题挑战幼儿的能力，引导幼儿挖掘、迁移经验，鼓励幼儿自主解决问题，助推新经验的生长。

教师以问题"咦，丝带为什么穿不过去呢？"引发幼儿独立思考，寻找问题产生的原因，大胆发表自己的看法。教师围绕幼儿对纸筒、胳膊和丝带特点的认识，比如纸筒太长（目标物的特点）、胳膊不够长（以自身为工具，对比目标物）、丝带太软（材料的特点），及时捕捉幼儿的注意点，并基于幼儿的表现和经验不断进行追问。首先，以开放性问题"那有什么办法能让丝带往前走呢？"启发幼儿迁移已有经验进行自主探索，同时了解幼儿的经验范围。其次，当幼儿初次商量未果后，教师顺着幼儿以自己的胳膊作为工具牵引丝带穿过纸筒的思路，先以建议式的语言"有没有什么工具能帮忙？"提示幼儿关注、运用其他工具，向幼儿指明解决问题的方向；在幼儿想到可以将丝带粘在树枝上的方法后，教师再次针对丝带太软的特性询问幼儿："除了用粘的方法，还有没有别的好方法呢？"帮助幼儿迁移捆绑打结的经验，实现新旧经验的联结。

案例中，教师和幼儿聊天时，教师不是主导方和控制方，而是用提出问题、评论等方式催化幼儿处于萌发阶段的意识，让幼儿的游戏兴趣不断被激发、被点燃。这体现了师幼平等共情的互动关系。

嫦娥奔月   大班 表演区

本班幼儿在中班玩了一学期皮影游戏，游戏水平有了极大的提高。但进入大班后，新的问题又出现了：每次游戏时，幼儿都能快速、熟练地将"皮影戏剧院"搭建起来，并且乐此不疲地制作皮影人物道具，可是没有人愿意进行皮影表演。为了了解幼儿不愿意表演皮影戏的原因，推动游戏进行，教师与幼儿展开了聊天。

游戏片段一：为什么不愿意表演皮影戏

老师："'皮影戏剧院'搭好了，为什么没有人表演啊？我都已经好几天没有看到表演了。" 〔了解"皮影戏剧院"没有幼儿表演的原因。〕

石头："因为他们都不想表演，我也不想表演。"

麦芽："因为不好玩。"

老师："为什么觉得不好玩呢？" 〔了解幼儿觉得皮影表演不好玩的原因。〕

石头："因为我不知道表演什么，我也不会表演。"

麦芽："其他小朋友不来看，我就不想表演了。"

老师："怎样你才愿意表演呢？"

石头："有人告诉我表演什么就行。"

老师:"图书区的故事可以表演吗?" 　　基于幼儿的兴趣,对表演剧目给出方向性建议。

石头:"图画书中的故事太难了,有的我看不懂,我想自己编故事表演。"

教师考虑到幼儿前段时间欣赏皮影戏视频时,对"剧本"有了大致的了解,于是提出一个建议。

老师:"好呀,那就自己编个故事,写个剧本来表演。"　　尊重幼儿的意愿,引导幼儿编故事、写剧本。

石头:"我要编《嫦娥奔月》的故事。"

对于现阶段的幼儿来说,凭空编一个完整的故事难度较大,所以他们会更倾向于改编熟悉的故事。考虑到幼儿已知晓故事需要包含人物、地点、时间、情节等要素,于是教师提醒幼儿围绕这几个要素编写剧本。幼儿根据自己的兴趣选择了想要参与的部分,最终一起合作完成了《嫦娥奔月》剧本。

图1 《嫦娥奔月》故事剧本

剧本的完成解决了幼儿不知道表演什么的问题，他们开始按照剧本进行表演，但表演时缺少观众的问题仍然存在。于是，教师将问题抛给幼儿，引导幼儿主动与同伴沟通，寻找产生问题的原因和解决问题的方法。

游戏片段二：缺少观众怎么办

老师："今天怎么只有两个小朋友观看皮影表演呀？" _{引导幼儿关注观众较少的问题。}

石头："我也不知道，表演都开始了也没有人来。"

老师："你可以问问其他小朋友为什么不来看表演。" _{鼓励幼儿加强与观众的交往，通过询问，了解他们不来看表演的原因。}

叮当："因为我不知道表演什么，所以就没来。"

石头："不是有海报吗？"

叮当："我一直在娃娃家，没有看到海报。"

石头："那我邀请你来看表演。"

叮当："你要给我邀请函，就像儿童节时给爸爸妈妈的邀请函一样，把邀请函发给我就行了。"

麦芽："我知道了，就像发传单一样，那我去做。"

石头："我也要去做，我还要邀请大四班的好朋友来看我表演。"

幼儿在美工区找到白纸，根据之前画海报的经验画出了《嫦娥奔月》皮影戏表演宣传单。

石头："老师，我画好了，你帮我写上'嫦娥奔月'这四个字。"

老师："好的，但是你其他班的好朋友知道在哪里、什么时间看表演吗？" _{引导幼儿在宣传单上写明表演的地点和时间。}

石头："那你再帮我写上'大三班'和'10月20日'。"（每天早上幼儿都会在自己的小日历上签到，所以他们很熟悉每天的日期。）

图 2 《嫦娥奔月》皮影戏表演宣传单

幼儿将自己制作的宣传单送给了好朋友,邀请他们来观看表演。但他们的表演并不顺利,在表演过程中很多观众不仅大声讲话,而且在"皮影戏剧院"里到处走动,导致皮影表演经常被打断……

游戏片段三:制定观看规则

石头:"老师,他们的声音太大了,其他人都听不到我说什么了。"

朵朵:"就是,他们老是站起来,都挡到我了。"

老师:"有没有什么好办法,能让他们知道哪些事情不能在观看表演的时候做?"

> 引导幼儿自主思考解决问题的办法。

朵朵:"做标志就好了,把看表演的规则画下来,放在'皮影戏剧院'门口,这样大家就都能看到了。"

本周正在进行主题活动"标志的世界",幼儿为班级区域设计过标志,有前期经验。于是,幼儿开始绘画标志,他们设计了"不要大喊大叫""不要两个人挤一个座位""不要到处乱跑""不买票不能进"等规则标志。

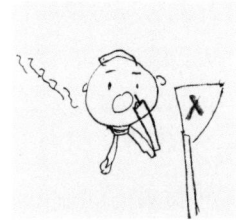

图 3 不要大喊大叫

图 4 不要两个人挤一个座位

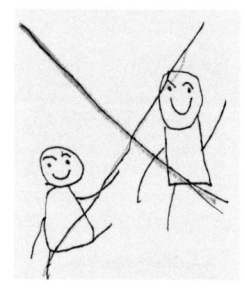 

图5 不要到处乱跑　　图6 不买票不能进

分析

该案例中，教师基于游戏中发现的问题，巧问问题，顺藤摸瓜，了解问题发生的原因，并在聊天中引导幼儿寻找解决问题的方法，例如编写剧本、分发节目宣传单、制定规则标志等，助推游戏情节的发展以及幼儿经验的提升。

面对幼儿游戏中出现的无人表演的问题，教师通过提问促进幼儿经验生长，为幼儿的发展提供"鹰架"。当了解到幼儿不知道表演什么、缺少观众是造成无人表演的原因时，教师尝试以问题"图书区的故事可以表演吗？"提出自己的建议，为幼儿解决问题指明了方向，同时激发幼儿的表演兴趣。最后，基于幼儿的想法和经验，帮助幼儿确定了编写剧本这一解决办法，并引导幼儿与同伴合作完成了《嫦娥奔月》剧本。

《幼儿园保育教育质量评估指南》中指出，教师要"善于发现各种偶发的教育契机，能抓住活动中幼儿感兴趣或有意义的问题和情境……及时给予有效支持"，因此，在幼儿创作剧本时，教师鼓励幼儿合作完成；在解决缺少观众这个问题时，教师抓住机会"穿针引线"，鼓励幼儿主动与同伴沟通，如建议"你可以问问其他小朋友为什么不来看表演"，一方面有效促进幼儿之间的社会交往，另一方面推动幼儿调取关于邀请函、宣传单的日常活动经验，引导幼儿尝试用制作宣传单的方式招揽观众，从而解决"剧院"没有观众的问题。

随着游戏的深入，幼儿又发现了新的问题：观看皮影表演时很多人不遵守规则。教师顺应幼儿发现的问题（藤），提出"有没有什么好办法，能让他们知道哪些事情不能在观看表演的时候做？"（摸）来唤醒幼儿有关标志的经验（瓜），从而启发幼儿为"皮影戏剧院"设计规则标志。整个过程中，教师不断提出问题,并根据对幼儿社会生活经验的了解,引导幼儿思考问题,提升了幼儿解决问题的能力,激发了幼儿的创造力,推动了游戏的发展。

订制手机套   大班 美工区

教师走进缝纫店,看到展示架上挂了许多幼儿用缝纫机制作的包包。幼儿向教师介绍这里的包包可以预订,而且可以单独订制客人想要的款式。到底是怎样的私人订制呢?带着好奇,教师扮演客人,参与游戏,与扮演设计师的幼儿进行了聊天。

游戏片段一:怎样确定手机套的尺寸

设计师:"请问你想订制什么样的包包?"

客人:"我的手机没有保护套,我想做个手机套,可以吗?"

> 设置新的任务情境,鼓励幼儿为实物制作合适的套子。

设计师:"可以。"

设计师拿来一张订制单,让客人签字。

图1 教师(客人)在"订制单"上签字

客人:"这就行了?你怎么知道我要做多大的手机套啊?"

> 用问题提醒幼儿要先测量手机,以确定手机套的尺寸。

设计师:"那我来量一下吧。"

设计师拿来尺子开始量手机的长和宽。

设计师1："长15（厘米），宽7.5（厘米）。"

设计师2："不对，长14.5（厘米），宽7（厘米）。"

客人："咦？你们俩量出来的尺寸怎么不一样啊？要不你们再量一次吧。"

> 通过质疑让幼儿明确认知冲突，并建议幼儿合作探索测量的正确方法。

设计师1又拿起尺子，开始量手机的长度。

设计师2："不对，你的尺子起点位置错了，应该对准尺子上的'0'，不是从尺子最左边开始量的。"

客人："是哦，起点应该是尺子上的'0'。"

图2　教师与幼儿一起测量手机尺寸

复测后，两个设计师得出手机套的尺寸：长14.5厘米，宽7厘米。

客人："除了用尺子测量，还有别的方法能知道手机的尺寸吗？"

> 鼓励幼儿用不同的方法获得手机的尺寸。

设计师1："我可以画出来。"

他将手机放在纸上，用笔沿着手机的轮廓画，很快就在纸上画出了和手机一样大小的图案。

客人："这个方法也不错，既快又准确。"

游戏片段二：手机套有点紧

幼儿开始制作手机套。一周后，取手机套的时间到了，客人再次走进缝纫店，设计师将做好的手机套交到客人手上。

图3 幼儿正在制作手机套

图4 教师（客人）拿到的手机套

客人拿出手机试装，费了好大劲才把手机装进套子里。

客人："手机套做得真好看，就是有点紧了。" <small>启发幼儿发现手机套尺寸的问题。</small>

设计师："是有点小了。"

客人："怎么会呢？我们上周量的尺寸是对的呀。"

设计师将手机套和手机重叠在一起，发现它们确实是一样大的。他们不禁开始思考："为什么将手机装进去时手机套会紧呢？"

客人上下左右地翻看着手机："我们再来看看手机。到底是怎么回事呢？" <small>用提问和动作启发幼儿关注手机的厚度。</small>

设计师："我知道了，手机的侧面也有厚度，我们上次没有量。"

客人："那这次手机套应该怎么做才能把手机装进去呢？" <small>引导幼儿思考解决"手机套太紧"这一问题的办法。</small>

设计师："做宽一点，要把手机的厚度也加进去。"

客人："哎呀，看来今天我要重新订制一个手机套了。"

……

分析

在"缝纫店"游戏中，教师扮演一个"不走寻常路"的客人，故意给幼儿设"障碍"：不要订制包包，而是请幼儿根据自己手机的尺寸做一个合适的手机套，以此了解、激发幼儿的经验。因为对教师来说，相比做包包，订制手机套更符合自身的需要；对幼儿来说，这也是新的挑战。

聊天过程中，教师提出了一系列具有导向性的问题。有质疑，如"这就行了？你怎么知道我要做多大的手机套啊？""咦？你们俩量出来的尺寸怎么不一样啊？"；有追问，如"除了用尺子测量，还有别的方法能知道手机的尺寸吗？"；有反问，如"怎么会呢？我们上周量的尺寸是对的呀。"……教师像挤牙膏一般促使幼儿积极思考，不断调整自己的行为和操作方式。

在此过程中，尽管教师早就发现幼儿在测量过程中出现的问题（没关注手机的厚度），预见到手机套做好后会不合适，但还是选择了等待。在手机套做好后，教师借助试套的实际操作让幼儿亲自发现"手机套做得太紧了"这一问题，随后努力寻找原因，再进行调整、修改。这也是教师的智慧之处，为幼儿提供了充足的试错空间，引导他们主动探究，独立解决问题。